NIVEAU
B2

ÉDITO

Cahier d'activités

Élodie Heu-Boulhat

Jean-Jacques Mabilat

Accompanying
CD/CDs in the pocket
at the front/back of
the book

d i d i e r

SOMMAIRE

À MON AVIS

[EXPRIMER SON OPINION] p. 12

1 Choisissez la bonne réponse.

a. *J'estime / Je doute* qu'il a entièrement raison.

b. *À mon avis / Personnellement*, le président ne sera pas réélu.

c. *À ce qu'il me semble / Quant à moi*, je préfère l'option B.

d. *Pour ma part / Pour moi*, je trouve que vous avez tort.

e. *Je me doute / Je ne crois pas* qu'il sera choisi comme candidat.

[EXPRIMER SON OPINION] p. 12

2 Dans les phrases suivantes, remplacez les énoncés en italique par l'une des expressions suivantes en transformant la phrase si besoin : *Il est évident / Ça ne m'étonnerait pas / Il est clair / On dirait / Sûrement / Sauf erreur de ma part.*

a. *Je crois* qu'il va neiger.

→ ....

b. *Je suis sûr* qu'elle viendra.

→ ....

c. *Il y a de fortes chances* qu'ils viennent.

→ ....

d. *Si je ne me trompe pas*, il est élu pour cinq ans.

→ ....

e. *Il est probable* qu'il renoncera à sa candidature.

→ ....

f. *Il est manifeste* qu'il est blessé dans son amour propre.

→ ....

[EXPRIMER SON OPINION] p. 12

3 Quels sont les noms qui correspondent aux adjectifs suivants ?

Exemple : *possible* → *la possibilité*

a. absurde → ....

b. clair → ....

c. délirant → ....

d. évident → ....

e. certain → ....

f. douteux → ....

g. exagéré → ....

h. invraisemblable → ....

i. perplexe → ....

j. faisable → ....

 [EXPRIMER SON OPINION] p. 12

4 Dans les phrases suivantes, remplacez les expressions en italique par un des énoncés suivants : *C'est évident. / C'est exagéré. / Ce n'est pas sûr. / Je n'y crois pas. / J'en suis sûr. / Tu as tort.*

a. Lui, élu ? *Ça m'étonnerait !* → ....

b. Elle va perdre ? *Pas forcément.* → ....

c. C'est lui qui l'a fait. *J'en mettrais ma main à couper.* → ....

d. Tu penses qu'elle est coupable ? *Jamais de la vie.* → ....

e. Tu le traites d'idiot ? *Là, tu vas trop loin !* → ....

f. *Il va de soi* que votre conjoint est invité. → ....

[INDICATIF OU SUBJONCTIF ?] p. 15

5 Les énoncés suivants sont-ils suivis de l'indicatif ou du subjonctif ?

	Indicatif	Subjonctif
a. Il est incroyable que................	O	O
b. Il est peu probable que............	O	O
c. Il s'imagine que......................	O	O
d. Elle a la conviction que	O	O

	Indicatif	Subjonctif
e. J'ai dans l'idée que.................	○	○
f. Je crois savoir que..................	○	○
g. Il est improbable que..............	○	○
h. Il se peut que........................	○	○
i. Je me doute que.....................	○	○
j. Je ne doute pas que...............	○	○
k. Il est incontestable que...........	○	○
l. Il est vraisemblable que...........	○	○
m. Je soupçonne que................	○	○
n. Il est invraisemblable que.........	○	○
o. Je suppose que.....................	○	○
p. J'ai le sentiment que..............	○	○

[INDICATIF OU SUBJONCTIF ?] p. 15

6 Conjuguez le verbe entre parenthèses au subjonctif ou à l'indicatif.

a. Je trouve excellent qu'il le (faire) ....

b. Je ne crois pas qu'elle (avoir) .... tort.

c. Ça m'étonnerait qu'il (connaître) .... la vérité.

d. Il me semble qu'elle (réussir) ....

e. Pensez-vous que la crise (finir) .... bientôt ?

f. Je ne pense pas qu'elle (choisir) .... ce candidat aux dernières élections.

g. Ils ne sont pas sûrs que vous (respecter) .... vos engagements.

h. Je trouve qu'il (avoir) .... raison.

i. Il ne pense pas que tu (pouvoir) .... le faire.

j. Il semble qu'elle (être) .... absente.

[INDICATIF OU SUBJONCTIF ?] p. 15

7 Subjonctif ou indicatif ? Mettez le verbe à la forme correcte.

a. Vous pensez que son programme (être) .... réaliste ?

b. Il est nécessaire que vous (voter) ....

c. Je sens que je (m'abstenir) .... aux prochaines élections.

d. Je ne suis pas certain qu'il (faire) .... son travail correctement hier.

e. On dit que les juges (vouloir) .... l'entendre.

f. Pensez-vous qu'il (revenir) .... au pouvoir un jour ?

g. Il est peu probable qu'il (réussir) ....

h. Je souhaite qu'elle (pouvoir) .... être élue.

i. Il est rare que quelqu'un (dire) .... de telles choses.

j. Je ne pense pas que vous (avoir) .... raison.

 [INDICATIF OU SUBJONCTIF ?] p. 15

8 Conjuguez le verbe à la forme qui convient.

a. Croyez-vous qu'il (dire) .... la vérité ?

b. Je regrette qu'il (être) .... absent avant-hier.

c. On raconte qu'elle (démissionner) .... le mois prochain.

d. Il est évident que tu ne le (croire) .... pas.

e. Il paraît que le Premier ministre (avoir) .... un accident.

f. Il semble que tu (ne pas savoir) .... la vérité.

g. J'ai appris que tu (voter) .... pour ce candidat hier.

h. On prétend qu'il (ne pas payer) .... ses impôts l'année dernière.

i. Il est utile que les électeurs (être) .... informés.

j. Je trouve curieux que vous (avoir) .... ces idées.

Phonétique

[LES LIAISONS]

Repérage

1 Écoutez les phrases suivantes et relevez les liaisons faites par les locuteurs.

a. Ils sont hollandais mais ils étudient à Lille.

b. J'ai un rendez-vous très important à neuf heures.

c. Elle aime le chocolat et elle en prend un carré après chaque repas.

d. Ce soir, elle préfère rester chez elle après un bon dîner.

e. Je suis vraiment heureux de faire votre connaissance.

f. C'est le plus grand avocat de la ville. Je l'ai vu dans une émission à la télé.

g. N'aie pas peur. Vas-y !

h. Quand nos invités vont-ils arriver ?

i. Les électeurs ne le trouvent pas sympathique, mais ils aiment ses idées.

j. Je vous en prie, asseyez-vous.

> **Rappelez-vous !**
>
> À partir des phrases de l'exercice 1, rappelez quelles sont les principales liaisons obligatoires, les liaisons interdites.

Entraînement

2 Marquez les liaisons à effectuer dans les phrases suivantes, lisez-les puis écoutez l'enregistrement pour vérifier.

a. Dis-lui de ne pas arriver en retard, c'est trop important pour Isabelle.

b. Vos amis sont en train de téléphoner.

c. Je pars en Allemagne, je vais y retrouver une amie.

d. Dans un an, on ira en Irlande.

e. Ils aiment beaucoup les haricots, achetez-en deux kilos.

f. C'est le grand amour. Ils ne sortent pas de chez eux.

g. Aujourd'hui, il y a dix étudiants dans la classe.

h. Je vous recommande ce film. Allez-y !

i. Je suis très heureux d'avoir fait votre connaissance.

j. Je vous en veux d'être arrivé en retard à ma fête.

[LE « E » ÉLIDÉ ET LES LETTRES FINALES]

Repérage

1 Écoutez l'enregistrement et barrez dans les phrases suivantes toutes les lettres non prononcées.

a. Elle est allée à la pharmacie acheter du sirop.

b. Cet enfant aime beaucoup ses cadeaux.

c. Pardon Monsieur, savez-vous où se trouve la grand-rue ?

d. Le train part dans quelques minutes.

e. Que puis-je faire pour vous ?

f. Est-ce que tu as vu le film *Huit femmes* ?

g. Il a pris un coup de poing sur le nez.

h. Tu devrais acheter ce sac, il est à un bon prix.

i. Généralement, les enfants aiment les bonbons.

j. Je te le dis. Tu exagères.

> **Rappelez-vous !**
>
> **a.** Quelles sont les lettres que l'on ne prononce habituellement pas à la fin d'un mot ?
> **b.** Dans quelles circonstances peut-on ne pas prononcer un « e » ?

Entraînement

2 Lisez à voix haute les phrases suivantes en essayant de prononcer le minimum de « e » puis écoutez l'enregistrement.

a. Je ne veux pas le voir.

b. Ouvre la fenêtre, il fait trop chaud.

c. Marche plus rapidement.

d. Que désirez-vous ?

e. Je reviens de Hongrie.

f. Je ne crois pas qu'il ait raison.

g. Je te téléphone demain.

h. Parle-moi de toi.

i. Ce bateau s'appelle le *Hollandais volant*.

j. On se voit samedi.

Dictée phonétique

Écoutez l'enregistrement, écrivez les phrases, puis vérifiez l'orthographe p. 117.

a. →

b. → ....

c. → ....

d. → ....

e. → ....

f. → ....

g. → ....

h. → ....

Détente

Lisez à voix haute les phrases suivantes en faisant les liaisons, puis écoutez l'enregistrement pour vérifier.

a. Cette famille pauvre mais honnête vit dans une pauvre maisonnette.

b. — Tu es un des astres de ma vie.
— Un désastre ?

c. Ils sont de bons étudiants ou ils ont de bons étudiants ?

d. On a rendez-vous à treize heures ou à trois heures ?

e. C'est un des espoirs de l'athlétisme français et le désespoir de ses parents.

f. Un billet pour le car de quatre heures et quart, s'il vous plaît.

g. Ce lézard aimait les arts martiaux.

h. Elle est à l'est.

Compréhension écrite

Lisez le texte et répondez aux questions.

L'ENGAGEMENT DE CRISTINA

Cristina, Mexicaine
Paris

.... ?

Je me suis engagée politiquement à l'avant-dernière élection présidentielle française pour un parti qui n'existe pas dans mon pays. C'est un parti pro-européen et j'y ai retrouvé mes idées politiques.

.... ?

Je ne suis pas sûre que j'aurais fait la même chose au Mexique. C'est plus facile ici à cause de la taille du pays ; mais, si les conditions avaient été les mêmes, oui, pourquoi pas.

.... ?

Je me suis impliquée particulièrement, car je me sens européenne : avant d'arriver en France, je suis passée par l'Italie, l'Espagne. Mes amis sont européens, beaucoup ont fait des stages Erasmus et j'adhère à l'idée d'une Europe forte et unie. Cette union devrait aussi exister en Amérique latine. On a tout pour : par exemple, on parle la même langue alors que les Européens parlent des langues différentes. Il y a beaucoup d'idées qu'on pourrait appliquer là-bas, mais on ne le fait pas.

.... ?

Concrètement, j'ai distribué des tracts, j'ai participé à différentes commissions pour préparer les élections. Et, par hasard, je suis intervenue dans plusieurs émissions pour des radios hispanophones. C'est trop facile de se plaindre sans rien faire, que l'on soit français ou étranger. Moi, je paye mes impôts ici : je pense que j'ai le droit et aussi l'obligation de m'impliquer dans la vie citoyenne.

Compréhension

1 Complétez l'interview : rédigez les questions posées à Cristina.

2 Pourquoi s'est-elle engagée politiquement ? Parce que...

○ elle aime l'idée d'Europe.

○ elle a beaucoup d'amis.

○ elle voulait intervenir dans des émissions de radio.

○ elle fait preuve d'esprit civique.

○ elle a la double nationalité franco-mexicaine.

3 Quelles différences ou similarités voit-elle entre la France et le Mexique ?

○ La situation politique est la même.

○ Le Mexique est plus grand que la France.

○ Les partis politiques sont similaires.

○ Il est plus difficile d'avoir une action politique au Mexique.

Vocabulaire

4 Quels sont les différents sens de *militer* en français ?

○ s'engager dans l'armée

○ être actif dans un parti ou une association

○ s'engager pour une cause

○ être adhérent d'un parti ou une association

5 Cherchez dans le texte de l'interview les équivalents des énoncés suivants.

a. je suis d'accord → ....

b. j'ai parlé → ....

c. être partie prenante → ....

d. pratiquement → ....

Production écrite

> **Êtes-vous pour ou contre la construction d'un centre commercial de luxe dans votre ville ?**
>
> Un débat aura lieu jeudi prochain à la communauté d'agglomération de votre ville, sur le futur centre commercial de luxe. Cet équipement est défendu par ceux qui y voient un outil nécessaire à votre ville et sa région, intéressant pour ses retombées économiques. D'autres critiquent sa taille, sa pertinence ou son emplacement. Son coût est estimé à 50 millions d'euros. Et vous, êtes-vous pour ou contre ? Votre avis nous intéresse.

Répondez à cette question dans un texte argumenté (250 mots minimum).

QUELQUE CHOSE À DÉCLARER ?

 [LES MOTS DE LIAISON] p. 26

1 Transformez les phrases suivantes en y ajoutant un des mots entre parenthèses.

a. Tu as acheté ce livre ? J'avais envie de le lire. (en tout cas / justement / tout de même)

→ ....

b. Tu n'es pas en vacances ? Tu m'avais dit que tu partais. (or / par contre / pourtant)

→ ....

c. Elle lui avait donné rendez-vous, mais elle a tout annulé. (enfin / ensuite / d'ailleurs)

→ ....

d. Je n'en avais pas l'intention mais je suis venue. (enfin / par ailleurs / finalement)

→ ....

e. Il n'aime pas sa voisine, il ne la salue jamais. (d'ailleurs / en revanche / par ailleurs)

→ ....

f. Elle croyait qu'il était timide, il ne parlait pas français. (en effet / en fait / en outre)

→ ....

 [LES MOTS DE LIAISON] p. 26

**2 Complétez les phrases suivantes avec un des énoncés suivants : *d'ailleurs /
en outre / en tout cas / justement / néanmoins / pourtant / puis / quand même /
soit (× 2) / par ailleurs*. (Il y a parfois plusieurs possibilités.)**

a. Elle aime l'Italie, ... elle y va souvent en vacances.

b. Le ciel est couvert, ... ils ont décidé de faire un pique-nique.

c. Il a tout pour être heureux .... il est dépressif.

d. Il a été successivement professeur, journaliste, ... romancier.

e. Il a un diplôme de Lettres, une licence d'anglais et, ... , un master
en communication.

f. Je crois que j'irai faire un tour en Espagne, ... je compte bien partir en vacances.

g. On vous a déjà expliqué le fonctionnement du laboratoire, ... je vais vous présenter à l'équipe.

h. Ah ! C'est toi Pierre ! .... je pensais à toi.

i. Vous pouvez lire .... un hebdomadaire .... un quotidien.

j. Il est malade mais il travaille ....

[LES DÉCLARATIFS] p. 28

3 Dites quel est le nom qui correspond aux verbes suivants.

Exemple : *parler* → *la parole*

a. promettre → ....

b. révéler → ....

c. appeler → ....

d. commenter → ....

e. exagérer → ....

f. répliquer → ....

g. répondre → ....

h. insulter → ....

i. bavarder → ....

j. médire → ....

[LES DÉCLARATIFS] p. 28

4 Dans les phrases ci-dessous, remplacez le verbe *dire* par un des verbes suivants : *ajouter / annoncer / avertir / avouer / bégayer / murmurer / expliquer / raconter / promettre / révéler*.

a. Le ministre a dit à la télévision qu'il allait démissionner.

→ ....

b. Elle a dit pourquoi elle avait fait ça ? Je ne comprends pas son attitude.

→ ....

....

c. Je vais vous dire un secret.

→ ....

d. Il a dit qu'il était le responsable de cet échec.

→ ....

e. La patronne nous a dit qu'elle serait absente lundi.

→ ....

f. Elle a dit : « Vouvous crocroyez ? ».

→ ....

g. Ils nous ont dit des histoires pour nous calmer.

→ ....

h. Elle a dit qu'elle serait là à 8 heures précises.

→ ....

i. Ils ont déclaré qu'ils étaient satisfaits et ont dit aussi qu'ils reviendraient.

→ ....

j. Il m'a dit dans le creux de l'oreille qu'il m'aimait.

→ ....

A à z [LES DÉCLARATIFS] 📖 p. 28

5 Dites quel est le nom qui correspond aux verbes suivants.

a. calomnier → ....   **f.** discuter → ....

b. mentir → ....   **g.** prier → ....

c. citer → ....   **h.** exposer → ....

d. se moquer → ....   **i.** vanter → ....

e. plaisanter → ....   **j.** rappeler → ....

A à z [LES DÉCLARATIFS] 📖 p. 28

6 Complétez les phrases avec un des verbes suivants : *apprendre / bavarder / hurler / informer / jurer / nier / préciser / rappeler / reconnaître / répéter*.

a. Il m'a demandé de le retrouver à Nanterre, mais il ne m'a pas .... où exactement.

b. Il .... avoir commis ce vol. Il dit qu'il est innocent.

c. Vous pouvez me .... votre adresse ? Je l'ai oubliée.

d. Devant le juge, il a .... qu'il disait la vérité.

e. J'ai .... que vous alliez vous marier. Toutes mes félicitations !

f. Arrêtez de .... au fond de la classe, vous troublez vos camarades.

g. Quand l'arbitre a expulsé Zidane, les supporters ont ....

h. Les enfants, je ne veux plus que vous jouiez dans le salon. Je ne vais pas vous le

....

i. Il a .... qu'il s'était mal comporté.

j. Nous vous .... que le magasin fermera ses portes dans un quart d'heure.

[LE DISCOURS RAPPORTÉ AU PASSÉ] p. 29

7 Mettez les phrases suivantes au discours rapporté selon le modèle.

Exemple : *Je serai présent à la réunion. (assurer)* → *Il m'a assuré qu'il serait présent à la réunion.*

a. Est-ce que vous lui avez téléphoné ce matin ? (demander)

→ ....

b. Pouvez-vous fermer la porte ? (demander)

→ ....

c. Arrivez à huit heures précises. (recommander)

→ ....

d. Si on allait au ciné ? (proposer)

→ ....

e. Comme cette salle est bien décorée ! (s'exclamer)

→ ....

f. Le bâtiment sera repeint quand vous reviendrez de vacances. (promettre)

→ ....

g. Pourriez-vous parler plus fort ? (demander)

→ ....

h. Je n'ai jamais dit ça. (affirmer)

→ ....

i. Aujourd'hui, nous allons étudier le chapitre 12. (annoncer)

→ ....

j. Comment êtes-vous arrivée ici ? (vouloir savoir)

→ ....

[LE DISCOURS RAPPORTÉ AU PASSÉ] p. 29

8 Voici des phrases au discours rapporté. Retrouvez les paroles originales.

Exemple : *Elle m'a demandé quand j'avais arrêté les cours de français.*
→ *Quand est-ce que vous avez / tu as arrêté les cours de français ?*

a. Il m'a dit qu'il adorait cette actrice.

→ ....

b. Le député a déclaré qu'il allait se représenter aux prochaines élections.

→ ....

....

c. Il nous a conseillé d'aller voir ce concert.

→ ....

d. Elle nous a informés que le cours serait déplacé en salle R 512.

→ ....

....

e. Il m'a ordonné de ne pas poser de questions.

→ ....

f. Elle nous a proposé d'aller voir le film avec elle.

→ ....

....

g. Il nous a certifié que le vase était authentique.

→ ....

h. Elle m'a demandé ce que j'avais vu au cinéma récemment.

→ ....

....

i. Ils nous ont recommandé d'aller voir cette pièce.

→ ....

j. Il m'a demandé si j'avais assisté au procès.

→ ....

[LE DISCOURS RAPPORTÉ AU PASSÉ] p. 29

9 Lisez cet extrait de *L'Étranger* d'Albert Camus. Retrouvez quelles étaient les paroles originales de Marie et du narrateur.

Exemple : *Le soir, Marie est venue me chercher et m'a demandé si je voulais me marier avec elle.* → *Est-ce que tu veux te marier avec moi ?*

> Le soir, Marie est venue me chercher et m'a demandé si je voulais me marier avec elle. J'ai dit que cela m'était égal et que nous pourrions le faire si elle le voulait. Elle a voulu savoir alors si je l'aimais. J'ai répondu comme je l'avais déjà fait une fois, que cela ne signifiait rien mais que sans doute je ne l'aimais pas. « Pourquoi m'épouser alors ? » a-t-elle dit. Je lui ai expliqué que cela n'avait aucune importance et que, si elle le désirait, nous pouvions nous marier. D'ailleurs, c'était elle qui le demandait et moi je me contentais de dire oui. Elle a observé alors que le mariage était une chose grave. J'ai répondu: « Non ».

....

....

....

....

....

....

....

....

 [DES PAROLES ET DES SONS] p. 32

10 Parmi les sons suivants : *aboiement / brouhaha / clapotis / claquement / craquement / crépitement / croassement / grincement / glouglou / miaulement / rugissement / vacarme,* quels sont ceux...

a. qui font référence à un grand bruit ? → ....

b. qui sont causés par le feu ? → ....

c. qui sont produits par une porte ? → ....

d. qui sont causés par l'eau ? → ....

e. qui sont émis par un animal ? → ....

[DES PAROLES ET DES SONS] p. 32

Intonation

11 Dites dans quelles situations on entend ces expressions, puis répétez-les avec la même intonation.

cd 8

a. → ....   **e.** → ....

b. → ....   **f.** → ....

c. → ....   **g.** → ....

d. → ....   **h.** → ....

Phonétique   Les sons i [i], u [y], ou [u]

Repérage

1 Dans les phrases suivantes, quel son entendez-vous : i [i], u [y], ou [u] ?

cd 9

a. → ....   **f.** → ....

b. → ....   **g.** → ....

c. → ....   **h.** → ....

d. → ....   **i.** → ....

e. → ....   **j.** → ....

2 Dans quels mots entendez-vous le son u [y] ? Notez-les

cd 10

a. → ....   **f.** → ....

b. → ....   **g.** → ....

c. → ....   **h.** → ....

d. → ....   **i.** → ....

e. → ....   **j.** → ....

Entraînement

3 Prononcez à voix haute les phrases suivantes puis écoutez l'enregistrement et répétez.

cd 11

a. Tu veux un sucre ou deux ?

b. Vous ne fumez plus du tout.

c. C'est une habitude ridicule.

d. Je ne lis plus ce livre absurde.

e. Vous écoutez de la musique subliminale.

f. Tu viens en bus ou en voiture ?

g. Les loups ont disparu du Jura.

h. Nous buvons du jus de myrtilles.

i. Dis, tu as menti à Hubert ?

j. Vous n'en voulez pas, c'est sûr ?

Phonie-graphie

Écoutez la prononciation des phrases suivantes et dites comment peuvent s'écrire les sons i [i], u [y], ou [u].

cd 12

a. Je voudrais vivre sur une île déserte.

b. Notre amour durera toujours. J'en suis sûre.

c. Ce maïs a du goût.

d. Il joue au foot le lundi.

e. C'est un mystère.

f. Arrête de faire le clown !

g. Tu as eu du riz au dîner ?

Le son [i] peut s'écrire → ....

....

Le son [y] peut s'écrire → ....

....

Le son [u] peut s'écrire → ....

....

Dictée phonétique

Écoutez l'enregistrement, écrivez les phrases, puis vérifiez l'orthographe page 118.

cd 13

a. → ....

b. → ....

c. → ....

d. → ....

e. → ....

f. → ....

g. → ....

h. → ....

i. → ....

j. → ....

Détente

Citations. Qui a dit quoi et à quelle occasion ?

a. « Je pense donc je suis. »

b. « Le rire est le propre de l'homme. »

c. « De l'audace, encore de l'audace, toujours de l'audace. »

d. « L'État, c'est moi. »

e. « La France a perdu une bataille mais elle n'a pas perdu la guerre. »

f. « Pourvu que ça dure. »

g. « Ralliez-vous à mon panache blanc. »

h. « Rien ne se crée, rien ne se perd, tout se transforme. »

1. Letizia Bonaparte

2. Georges Danton

3. René Descartes

4. Charles De Gaulle

5. Henri IV

6. Antoine Lavoisier

7. Louis XIV

8. François Rabelais

I. Dans *Gargantua*.

II. Pour défendre la Révolution.

III. Le 18 juin 1940.

IV. Dans le *Discours de la méthode*.

V. Lors des guerres de religion.

VI. Dans un ouvrage de chimie.

VII. Pour définir la monarchie absolue.

VIII. Lors du sacre de son fils.

a. → ....   **c.** → ....   **e.** → ....   **g.** → ....

b. → ....   **d.** → ....   **f.** → ....   **h.** → ....

Compréhension orale

ÉTUDIER LE CHINOIS

Écoutez l'interview et répondez aux questions.

Compréhension

1 Quelle est la profession de cet homme ?

→ ....

2 Quel est son prénom ?

○ Daniel   ○ Raphaël   ○ Raoul   ○ Serge

3 Depuis combien de temps vit-il en Chine ?

→ ....

4 Où vit-il ?

○ Pékin   ○ Shanghai   ○ Canton   ○ Wuhan   ○ Hong Kong

5 Pourquoi a-t-il appris le chinois ?

○ sur les conseils de sa mère   ○ pour obtenir le poste qu'il occupe actuellement
○ sur les conseils de son professeur de chinois   ○ après avoir consulté son patron
○ après avoir consulté des professeurs de langues

6 Où a-t-il appris le chinois ?

○ à l'institut Confucius   ○ au lycée
○ dans une école d'ingénieurs   ○ à l'Alliance française

Vocabulaire

7 Retrouvez dans la transcription de ce dialogue (p. 118) des équivalents des énoncés ci-dessous.

a. commencer → ....   **d.** opportunité → ....

b. inciter (2 mots) → ....   **e.** point fort → ....

c. obtenir → ....

Production écrite

Parler en public
Améliorer la communication orale, la prise de parole en public, vaincre sa timidité, savoir gérer son stress, mais aussi découvrir des textes classiques et contemporains. Tout cela d'une manière ludique et dans une atmosphère sympathique avec des professeurs de théâtre passionnés.

Nos stages
Nous proposons des stages de quatre jours basés sur des techniques théâtrales et l'improvisation. Certains exercices peuvent être filmés. Vous travaillerez avec plusieurs professeurs afin d'expérimenter différentes méthodes de travail.
Notre stage vous intéresse ? Merci d'envoyer votre candidature. Attention, nombre de places limité !

Adressez votre candidature pour ce stage en 250 mots.

ÇA PRESSE !

 [LA PRESSE] p. 40

1 Quels sont les mots qui correspondent aux définitions suivantes ?

a. Dessin qui accentue les traits d'un personnage pour se moquer de lui. → ....

b. Œuvre publiée en plusieurs parties à suivre dans un journal. → ....

c. Article reflétant en général l'opinion de la direction d'un journal. → ....

d. Liste indiquant le contenu d'un journal. → ....

e. Enquête d'opinions. → ....

 [LA PRESSE] p. 40

2 Complétez le texte à l'aide des mots suivants (faites les accords nécessaires) :
édition / lecteur / vente / gratuit / distribution / écrite / contenu / lectorat /
presse / papier / périodique.

La .... écrite traverse une grande crise. De grands quotidiens,
tel *Libération,* lancent des appels aux dons à leurs .... Les
.... (*L'Obs, L'Express...*) souffrent aussi. Pour différentes raisons : baisse
des .... , coûts de fabrication et de .... élevés,
vieillissement du .... , concurrence des .... et bien
sûr d'Internet. En effet, le numérique a tout bouleversé. Quotidiens et magazines essaient
de s'adapter en augmentant le prix de leur .... papier, en développant
leur édition sur les tablettes et smartphones. Certains titres ont déjà abandonné le
.... et ne sont plus disponibles que sur tablettes. Sur le Web, les
journaux font désormais payer leurs .... Contre-pouvoir indispensable,
la presse .... devra réussir sa mutation.

[ÉVÉNEMENTS ET FAITS DIVERS] **p. 46**

3 Remplacez ces phrases par un titre de journal.

Exemple : *La terre a tremblé à Manassas.* → *Tremblement de terre à Manassas.*

a. Le nord du Languedoc est inondé.

→ ....

b. Le responsable de l'accident sur la nationale 12 a été arrêté.

→ ....

c. Le siège du journal *Le Temps* a été cambriolé.

→ ....

d. Trois prisonniers se sont évadés de Fleury-Mérogis.

→ ....

e. Quatre hommes masqués braquent une banque à Noisy-le-Sec.

→ ....

f. Deux journalistes ont été enlevés dans le nord du Mali.

→ ....

g. La Joconde a été volée une nouvelle fois.

→ ....

h. Une école maternelle a été incendiée par deux enfants de sept ans.

→ ....

i. Les agriculteurs bretons manquent d'eau.

→ ....

 [ÉVÉNEMENTS ET FAITS DIVERS] **p. 46**

4 Complétez le texte à l'aide des mots suivants (faites les accords nécessaires) :
flamme / secours / incident / sinistre / incendie / victime / feu / étrange.

Fait divers

Un jeune homme a été sauvé d'un .... par son chien à Bihorel, en Seine

Maritime.

L'............................ s'est produit dans la nuit de samedi à dimanche. Le

.... s'est déclaré dans son pavillon situé dans le centre de la petite

ville. Il dormait profondément lorsqu' il a été réveillé par Félix, son animal de compagnie.

« Félix avait un comportement ...., il était sur mon lit et aboyait

en me donnant des coups de pattes. Je me suis levé et j'ai senti une odeur de brûlé »,

a indiqué la .... qui a tout juste eu le temps de s'échapper des

.... Les .... sont arrivés rapidement sur les lieux et

ont pris soin du jeune homme qui a été légèrement intoxiqué. Quant à son logement, il est

totalement détruit par le ....

[LA CAUSE ET LA CONSÉQUENCE] p. 41

5 Dans les phrases suivantes, entourez l'énoncé correct.

a. Le ministre a démissionné *comme / car* il souffrait d'un problème cardiaque.

b. *Puisque / En effet* le policier l'a pris sur le fait, le voleur n'a pu que reconnaître le délit.

c. *En raison de / Par manque de* vigilance de leurs gardiens, deux prisonniers se sont évadés.

d. La juge a ordonné à l'usine Oléo de payer la somme de 5 000 €. *En effet / Étant donné* elle a pollué la rivière du village.

e. Elle parle tout le temps du Canada, *comme / vu qu'* elle va s'y installer avec sa famille.

[LA CAUSE ET LA CONSÉQUENCE] p. 41

6 Dans les phrases suivantes, quels énoncés introduisent l'idée de cause ou celle de conséquence? Sont-ils suivis d'un nom (N), d'un verbe (V) ou d'une proposition (P) ?

Exemple : *Il a raté le cours, car il était malade.* → car, cause, P

a. Étant donné la situation économique, de nombreux quotidiens ont fait faillite.

→ ....

b. Il a neigé pendant des heures, à tel point que les routes sont bloquées.

→ ....

c. Dès lors que les négociations étaient impossibles, des émeutes ont éclaté.

→ ....

d. Elle est trop intelligente pour lire ce torchon.

→ ....

e. Le ministre a retiré son projet de loi, de crainte de nouvelles manifestations.

→ ....

f. Maintenant que l'hiver est arrivé, les expulsions sont interdites.

→ ....

g. Du moment que le directeur l'autorise, vous pouvez entrer.

→ ....

h. Il s'est énervé au point de vouloir les frapper.

→ ....

[LA CAUSE ET LA CONSÉQUENCE] p. 41

7 Transformez les phrases en y introduisant les énoncés entre parenthèses.

a. Les pompiers sont intervenus rapidement. Les enfants ont été sauvés. (grâce à)

→ ....

....

b. Le motard a été arrêté. Il n'a pas respecté un stop. (pour)

→ ....

....

c. La fabrication a cessé. Il n'y avait plus de matière première. (faute de)

→ ....

....

d. Il a tellement insisté qu'il a obtenu une interview. (à force de)

→ ....

e. Le ministre prétend que le journal répand de fausses nouvelles, alors le journal est interdit. (sous prétexte que)

→ ....

....

[LA CAUSE ET LA CONSÉQUENCE]

8 Faites correspondre le début et la fin de la phrase.

a. Étant donné la situation économique,... •   • **1.** ...il a perdu le contrôle du car.

b. Vu ses résultats,...   •   • **2.** ...de nombreux vols ont été annulés.

c. Faute de temps,...   •   • **3.** ...notre entreprise va se délocaliser.

d. En raison des fortes pluies,...   •   • **4.** ...votre fils devra redoubler sa 3e.

e. Suite à la panne d'ordinateur,...   •   • **5.** ...les vendanges seront avancées.

f. Le chauffeur roulait si vite qu'...   •   • **6.** ...il a pris le métro.

g. Sa moto étant en panne,...   •   • **7.** ...ils ont dû recommencer tous les calculs.

h. Du fait de la canicule,...   •   • **8.** ...il a reporté tous ses rendez-vous.

 [LE PASSIF]

9 Mettez les phrases suivantes à la voix passive.

a. Van Gogh a peint *Les Tournesols*.

→ ....

b. L'attaché de presse nous a informés.

→ ....

c. On n'a pas posé les bonnes questions.

→ ....

d. La police convoquera tous les témoins.

→ ....

e. Les assurances rembourseront tous les dégâts.

→ ....

f. L'agence a vendu cette villa à la star.

→ ....

g. On détruira cet immeuble ancien.

→ ....

h. La mairie va interdire la mendicité dans le centre-ville.

→ ....

i. Le conducteur n'a pas pu arrêter le train à temps.

→ ....

j. On a évité la catastrophe.

→ ....

[LE PASSIF] p. 44

10 Mettez les phrases suivantes à la voix active.

a. *Les Misérables* ont été écrits par Victor Hugo.

→ ....

b. La piscine sera inaugurée par le maire le mois prochain.

→ ....

c. Les travaux ont été retardés par la pluie.

→ ....

d. Une nouvelle bibliothèque va être construite par la mairie.

→ ....

e. Les fonctionnaires sont employés par l'État.

→ ....

f. La publicité pour le tabac va être interdite par le gouvernement.

→ ....

....

g. Il faut que cet article soit relu par le rédacteur en chef.

→ ....

h. L'imprimante vient d'être réparée.

→ ....

i. L'école a été décorée par les élèves.

→ ....

j. On m'a dit que la réunion serait reportée.

→ ....

[LE PASSIF] p. 44

11 Dans ces phrases, remplacez le verbe pronominal de sens passif par un verbe introduit par *on*.

Exemple : *Ce magazine s'est bien vendu.* → *On a bien vendu ce magazine.*

a. L'arabe s'écrit de droite à gauche.

→ ....

b. Les choses se sont réglées rapidement.

→ ....

c. Ce mot s'emploie rarement.

→ ....

d. La tour Eiffel se voit de loin.

→ ....

e. Toutes les vérités ne se disent pas.

→ ....

f. Cette recette se ferait facilement.

→ ....

g. La langue française se parle dans plusieurs pays africains.

→ ....

→ ....

h. Les travaux se sont étendus à tout le village.

→ ....

i. La nouvelle s'est répandue dans toute la ville.

→ ....

Phonétique   Les sons e [ə], é [e], è [ɛ]

Repérage

1 Dans les phrases suivantes quels sons entendez-vous :
e [ə], é [e] ou è [ɛ] ? Dans quels mots ?

cd 15

	J'entends le son :			Dans les mots :
	[ə]	[e]	[ɛ]	
a.	○	○	○	
b.	○	○	○	
c.	○	○	○	
d.	○	○	○	
e.	○	○	○	
f.	○	○	○	
g.	○	○	○	
h.	○	○	○	
i.	○	○	○	

2 Écoutez les phrases suivantes. Dans quels mots entendez-vous le son e [ə] ?

cd 16

a. → ....
b. → ....
c. → ....
d. → ....

e. → ....
f. → ....
g. → ....
h. → ....

Entraînement

3 Écoutez puis répétez les phrases suivantes.

cd 17

a. Joëlle est partie dans la forêt.
b. Elle habite la maison verte.
c. Ça ne me plaît pas, j'ai de la peine.
d. Nous faisons notre travail.
e. Je t'ai demandé de payer, alors paye !
f. Que désirez-vous ?

g. Ces balles sont légères. Donne-les-moi !
h. Tu me prêtes ton vélo ?
i. Achète des fraises !
j. J'aime me promener sur les quais de Seine.

A Phonie-graphie

Écoutez la prononciation des phrases de l'exercice 2 de phonétique et dites comment peuvent s'écrire les sons e [ə], é [e] et è [ɛ].

cd
16

Le son [ə] peut s'écrire → ....

Le son [e] peut s'écrire → ....

Le son [ɛ] peut s'écrire → ....

Dictée phonétique

Écoutez l'enregistrement, écrivez les phrases, puis vérifiez l'orthographe page 119.

cd
18

a. → ....

b. → ....

c. → ....

d. → ....

e. → ....

Détente

Faites correspondre le début et la fin de la phrase pour retrouver le titre de l'article.

a. Pluies... •

b. Glissement... •

c. Administration : les mesures... •

d. Capsule spatiale : atterrissage .... •

e. Football : les diables rouges... •

f. Finances : budget... •

g. Manifestation... •

h. Le nouveau film de Laurent Mélain... •

i. Tournage en Norvège... •

j. Cyclones... •

• **1.** ...de la nouvelle série de France 6

• **2.** ...de terrain à Montpellier

• **3.** ...demain dans les salles

• **4.** ...des employés des services publics

• **5.** ...face à l'Islande

• **6.** ...meurtriers dans le Pacifique Sud

• **7.** ...phares du gouvernement

• **8.** ...rejeté par le Conseil municipal

• **9.** ...réussi

• **10.** ...torrentielles en Lozère

Compréhension écrite

Lisez ce document et répondez aux questions.

LE PARIS POÉTIQUE DE ROBERT DOISNEAU

Robert Doisneau naît en 1912 à Gentilly (Val-de-Marne). À 13 ans, il suit des études de graveur-lithographe à l'école Estienne (13e) et entre dans la vie active en dessinant des étiquettes pharmaceutiques. Très tôt, il se tourne vers la photographie.

Timide, il préfère prendre pour sujets la poésie des terrains vagues et l'innocence des enfants. C'est chez le photographe André Vigneau, dont il devient opérateur en 1931, qu'il apprend les rudiments de son futur métier. En 1934, il intègre les usines Renault à Boulogne-Billancourt (Hauts-de-Seine) et réalise des clichés industriels pendant cinq ans.

Il guette l'anecdote et le détail cocasse

Dès 1946, Doisneau réalise de nombreux reportages sur la capitale. Installé à Montrouge (Hauts-de-Seine), place Jules-Ferry, il part chaque matin pour la capitale, son Rolleiflex autour du cou. Il dit alors que Paris « est un théâtre où l'on paie sa place avec du temps perdu ». Place de la Concorde (8e), Doisneau saisit le ballet des passants, comme l'illustre sa célèbre série sur les piétons.

À la fois au cœur de l'action et à distance de son sujet, il guette l'anecdote, le petit geste du quotidien et le détail cocasse. Le photographe aime flâner dans le quartier de Saint-Germain-des-Prés et pousser la porte des cafés comme le Flore (6e), où se côtoient les artistes. Il photographie ainsi Simone de Beauvoir en train d'écrire sur un coin de table au Deux-Magots (6e), mais aussi Camus et Sartre. Au Terminus du Châtelet (1er), il retrouve son ami le violoncelliste Maurice Baquet pour faire une pause, avant de reprendre ses déambulations.

Quand Doisneau ne travaille pas sur le vif, il utilise la mise en scène.

Ainsi, en 1950, il réalise *Le Baiser de l'Hôtel de Ville*, rue de Rivoli (4e), à l'aide de deux figurants pour le magazine américain *Life*. Mais c'est dans les quartiers populaires, là où est palpable la sueur du travail, que Doisneau préfère poser son regard et son appareil. Entre 1953 et 1979, Doisneau se lève à 3 heures, et part de Montrouge pour se rendre parmi les travailleurs de l'aube. Avec son regard d'ethnologue, il fixe sur le négatif des ambiances et des visages qui appartiennent déjà à un autre temps.

Sensible à la beauté des pierres

Doisneau se passionne aussi pour les passages couverts de Paris. Passages Jouffroy (9e), du Prado (10e), des Panoramas (2e)… Sensible à la beauté des pierres, il remet en valeur cette architecture de fer et de verre. Il choisit pour décor les grands monuments et photographie le soir qui tombe sur le pont Alexandre-III, le Grand Palais (8e) sous la neige ou encore la tour Eiffel (7e).

Des villes en mutation

La banlieue, disait-il, « c'est l'endroit où naissent de nouvelles formes d'expression ». À la fin de sa vie, il revient capturer le décor de son enfance avant qu'il disparaisse, témoignant ainsi des mutations. Quand Doisneau décède en 1994, il a acquis une grande notoriété. Le photographe reste plus que jamais, comme le disait Doisneau lui-même, « celui qui offre des images quotidiennes que l'on ne voit plus à force de passer devant ».

À Paris, automne 2014

Compréhension

1 Quelles ont été les professions de Robert Doisneau ?

→ ....

2 Quels sont les thèmes chers à Robert Doisneau (plusieurs réponses sont correctes) ?

○ la campagne   ○ la photo de reportage

○ les portraits posés de personnalités   ○ les gens ordinaires

○ les animaux domestiques   ○ la photo sportive

○ l'atmosphère urbaine   ○ les portraits de famille

3 Les informations suivantes sont-elles vraies, fausses ou absentes du texte ci-dessus ? Justifiez votre réponse en citant un élément du texte.

a. Une particularité de Doisneau est qu'il a fait exclusivement des instantanés.   ○ V ○ F

→ ....

b. Une particularité de Doisneau est qu'il est resté un photographe parisien.   ○ V ○ F

→ ....

c. Doisneau jouait du violoncelle avec ses amis.   ○ V ○ F

→ ....

d. Doisneau aimait photographier les opéras.   ○ V ○ F

→ ....

e. Doisneau était célèbre à la fin de sa vie.   ○ V ○ F

→ ....

Vocabulaire

4 Relevez les mots ayant rapport avec la photographie.

→ ....

....

5 Recherchez dans le texte des synonymes ou des équivalents des mots ci-dessous.

a. base → ....   **d.** promenade → ....

b. montrer → ....   **e.** comique → ....

c. célébrité → ....   **f.** se promener → ....

Production écrite

Depuis une dizaine d'années, l'augmentation du nombre de sujets sur les faits divers dans les journaux télévisés est en augmentation. En majorité, des sujets sur des actes de violence (agressions, enlèvements…), mais aussi des reportages sur les accidents (incendies, naufrages, noyades…) et des actes de banditisme.

Actuellement dans le journal télévisé de votre chaîne préférée, les faits divers sont surreprésentés : plus de cinq sujets par journal en moyenne. Vous considérez que c'est trop, qu'on ne devrait pas leur donner autant d'importance. Agacé(e), vous écrivez un courriel au rédacteur en chef du JT pour vous plaindre.

Rédigez votre courriel en 250 mots.

PARTIR

 [COMMENTER DES DONNÉES CHIFFRÉES] p. 55

1 Dites quels sont les verbes qui correspondent aux noms ci-dessous.

a. addition → ....

b. soustraction → ....

c. croissance → ....

d. total → ....

e. double → ....

f. différence → ....

g. chiffre → ....

h. accroissement → ....

i. comparaison → ....

j. augmentation → ....

k. bond → ....

l. progrès → ....

 [COMMENTER DES DONNÉES CHIFFRÉES] p. 55

2 Reliez les mots de sens voisin.

a. accroissement •

b. infime •

c. pourcentage •

d. écart •

e. total •

f. toucher •

g. s'élever •

h. montrer •

i. essor •

j. chute •

k. baisse •

l. énorme •

• **1.** concerner

• **2.** développement

• **3.** différence

• **4.** diminution

• **5.** faible

• **6.** hausse

• **7.** indiquer

• **8.** se monter

• **9.** important

• **10.** plongée

• **11.** somme

• **12.** taux

VOCABULAIRE

> le tourisme

LE TYPE DE TOURISME

le tourisme de masse

le tourisme balnéaire, culturel, solidaire

le cyclotourisme

l'écotourisme *(m.)*

la cure

LES VACANCES

les congés *(m.)*

la détente

le repos

le jour férié

l'estivant *(m.)*

le/la vacancier(ère)

AVANT DE PARTIR

l'agence de voyages *(f.)*

la brochure

le catalogue

le dépliant

le forfait

la réduction (pour les étudiants, les seniors, les jeunes mariés)

le bon d'échange

LES INTERVENANTS

l'accompagnateur(trice)

le guide

l'interprète

l'office de tourisme *(m.)*

le syndicat d'initiative

le tour-opérateur

le voyagiste

LES BAGAGES

le bagage à main

la malle

la mallette

le sac de voyage

la valise

LE SÉJOUR

le cadre

la capacité d'accueil

les équipements *(m.)*

l'établissement *(m.)*

l'hébergement *(m.)*

les installations *(f.)*

la location

loger chez l'habitant

les prestations

le refuge

séjourner

le transfert

la villa

EXPRESSIONS

faire / défaire sa valise

faire le tour du monde

bourlinguer

le routard

la pension (complète)

la demi-pension

 [LE TOURISME]

3 Complétez le texte avec les mots suivants en faisant les accords nécessaires :
tour-opérateur / refuge / catalogue / hébergement / tourisme / agence de voyages / prestation / villa / brochure / location.

Créé en 1999, Club Vacances s'est imposé comme un acteur incontournable sur le marché de l'.. touristique. Du simple ....

à la .... de luxe, en passant par les hôtels clubs, Club Vacances

propose ainsi un ensemble complet de .... s'adaptant à toutes

formes de .... en France et à l'étranger.

En parallèle, notre .... s'est également développé dans le domaine

de la .... d'appartements dans les capitales européennes.

Découvrez notre .... en ligne ou demandez notre

.... dans nos ....

[LE TOURISME]

4 Écoutez les phrases et notez les énoncés concernant le voyage.   cd 19

a. → ....

b. → ....

c. → ....

d. → ....

e. → ....

f. → ....

g. → ....

h. → ....

i. → ....

j. → ....

[LE LIEU]   p. 59

5 Complétez les phrases suivantes avec les prépositions de lieu qui conviennent (plusieurs solutions sont quelquefois possibles).

a. Elle est partie vivre .... Cuba.

b. Ils habitent .... Caire.

c. Elle vient .... Ghana, plus précisément .... Accra.

d. Tu vas .... marché ? Tu peux acheter le journal .... chemin ?

e. Les deux adversaires se sont retrouvés face .... face.

f. Ils partent en croisière .... la Grèce. Ils y arriveront dans trois jours.

g. Cette issue est fermée, passez .... là.

h. Prenez cette rue. Vous trouverez la poste .... votre droite.

 [LE LIEU]

6 Complétez les phrases avec les mots suivants (six mots sont inutilisés) :
alentours / coin / direction / endroit / frontière / intervalle / lieu / orientation /
pas / pâté / pied / place / périphérie / quartier / sens / site.

a. Vous travaillez à quel .... ?

b. Ce classeur n'est pas à sa .... Je ne le trouve pas.

c. Savez-vous s'il y a une boulangerie dans le .... ?

d. Oui, il y en a une au .... de la rue.

e. Vous rentrez à .... ?

f. Oui, j'habite à deux ....

g. Votre bureau est dans le centre ou en .... ?

h. Je n'ai pas le .... de l'orientation, je me perds facilement.

i. Le mont Saint-Michel est le .... touristique le plus visité de Normandie.

j. Excusez-moi, monsieur, la tour Eiffel, c'est dans quelle .... ?

 [LA GÉOGRAPHIE]

7 Entourez le mot qui convient dans chaque phrase.

a. Les saumons remontent *le bassin / l'étang / la rivière*.

b. *La grotte / La vallée / L'île* de Lascaux est ornée de peintures préhistoriques.

c. Une terre recouverte par des eaux peu profondes où pousse de la végétation est *un estuaire / un marais / une berge*.

d. *La cascade / La lave / Le torrent* sort du volcan en éruption.

e. *Les fleuves / Les lacs / Les ruisseaux* se jettent dans la mer.

f. Le Brésil se trouve dans *l'hémisphère / la longitude / la latitude* sud.

g. La Terre est appelée *la planète verte / la planète bleue / la grande bleue*.

h. Un bon navigateur doit garder *le quai / le cap / le col*.

i. La pêche à la crevette se pratique sur *le rivage / la falaise / la rive*.

j. *Un phare / Un globe / Un atoll* est une tour qui guide les navires le long des côtes.

 [LA GÉOGRAPHIE] p. 61

8 Complétez les textes ci-dessous avec les mots suivants en faisant les accords nécessaires : *canal / océan / glacier / Terre / marin / relief / latitude / territoire / fluvial / rocher / végétal.*

Le géographe

Il a un pied dans les sciences de la ...., l'autre dans les sciences humaines. Il fait l'inventaire des .... et observe les éléments naturels tels que les .... et les climats .

Le guide de montagne

Il accompagne des personnes dans des ascensions de ...., de montagnes, de .... Le métier se pratique toute l'année par toutes les ....

L'océanographe

Il étudie les fonds ...., les mers, les .... ainsi que les organismes animaux et .... qui y vivent.

Le batelier

Il transporte des marchandises par bateau sur les .... et les fleuves. Le transport .... est respectueux de l'environnement.

Phonétique   Les nasales an [ã], in [ɛ̃], on [õ]

Repérage

1 Dans les phrases suivantes, quels sons entendez-vous : an [ã], in [ɛ̃], on [õ] ? Dans quels mots ?

cd 20

	J'entends le son :			Dans les mots :
	[ã]	[ɛ̃]	[õ]	
a.	○	○	○	....
b.	○	○	○	....
c.	○	○	○	....
d.	○	○	○	....
e.	○	○	○	....
f.	○	○	○	....
g.	○	○	○	....
h.	○	○	○	....
i.	○	○	○	....
j.	○	○	○	....
k.	○	○	○	....

> **NOTE**
>
> Dans le Sud de la France on fait la distinction entre le son [ɛ̃] (comme dans **main** ou **bain**) et le son [œ̃] (comme dans **un** et **brun**), alors que dans le Nord ils se prononcent tous deux [ɛ̃].

Entraînement

2 Écoutez puis répétez les phrases suivantes.   cd 21

a. Prends des vacances, tu en as besoin.

b. Vous êtes infirmier ? C'est une profession intéressante.

c. Ce médecin mexicain est très sympathique.

d. Elle porte un pantalon de coton marron foncé.

e. C'est le printemps, les amandiers sont tout blancs.

f. Le gratin est servi. Viens ! J'ai faim.

g. Vous pensez sincèrement que c'est trop loin ?

h. Le thym et le romarin sentent bon, quel parfum !

i. Christian sera présent ? Les copains comptent sur lui.

j. Mes enfants mangent trop de bonbons.

Phonie-graphie

Écoutez la prononciation des phrases de l'exercice 1, lisez la transcription page 119 et dites comment peuvent s'écrire les sons an [ã], in [ɛ̃], on [õ].

cd 20

Le son [ã] peut s'écrire → ....

Le son [ɛ̃] peut s'écrire → ....

Le son [õ] peut s'écrire → ....

Dictée phonétique

Écoutez l'enregistrement, écrivez les phrases, puis vérifiez l'orthographe page 120.

cd 22

a. → ....

b. → ....

c. → ....

d. → ....

e. → ....

f. → ....

g. → ....

h. → ....

Détente

Associez à chaque photo un élément de chaque liste : une région, un site et une spécialité gastronomique.

Régions	Sites	Spécialités gastronomiques
a. Nord-Pas-de-Calais	**I.** les dolmens	**g.** les gaufres
b. Normandie	**II.** les falaises d'Étretat	**h.** les crêpes
c. Midi-Pyrénées	**III.** le beffroi d'Arras	**i.** les quenelles
d. Lorraine	**IV.** la place Stanislas	**j.** le cassoulet
e. Bretagne	**V.** le mont Blanc	**k.** la quiche
f. Rhône-Alpes	**VI.** le viaduc de Millau	**l.** la sole

1 → ....

2 → ....

3 → ....

4 → ....

5 → ....

6 → ....

Compréhension orale

LE DÉPART

Écoutez le dialogue et répondez aux questions.

Compréhension

1 Qui parle ? Quelles sont les relations entre ces deux personnes ?

○ familiales   ○ amicales   ○ de travail

2 Quel est le projet de Pascal ? → ....

3 Quel est le domaine de travail de Pascal ? → ....

4 Détaillez le projet de Pascal. → ....

....

....

5 Pourquoi Pascal a-t-il ce projet ?

○ par écœurement   ○ par ennui   ○ par idéalisme   ○ par jalousie

6 Quels sont les sentiments successifs de Bernard ? Entourez les bons mots.

admiration   surprise   intérêt   jalousie   inquiétude

approbation   compréhension   désintérêt   curiosité

désapprobation   incompréhension

Vocabulaire

7 Recherchez dans ce dialogue des équivalents aux énoncés ci-dessous. Vous pouvez éventuellement vous aider de la transcription page 120.

a. la routine → ....

b. bavard → ....

c. être fâché → ....

d. être pâle → ....

e. récemment → ....

f. très bien → ....

g. sans intérêt → ....

h. lutter → ....

i. surprendre → ....

j. informer → ....

Production écrite

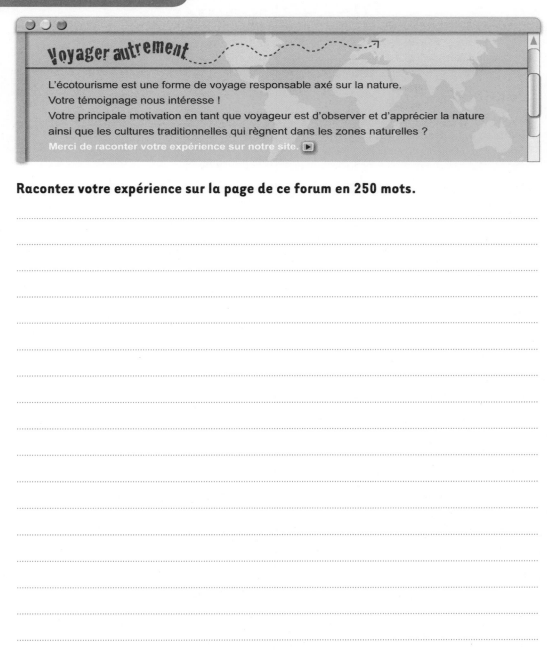

Voyager autrement

L'écotourisme est une forme de voyage responsable axé sur la nature.
Votre témoignage nous intéresse !
Votre principale motivation en tant que voyageur est d'observer et d'apprécier la nature ainsi que les cultures traditionnelles qui règnent dans les zones naturelles ?
Merci de raconter votre expérience sur notre site. ▶

Racontez votre expérience sur la page de ce forum en 250 mots.

HISTOIRE DE...

 [L'HISTOIRE] p. 68

1 Trouvez les adjectifs qui correspondent aux noms suivants.

a. le roi → ....

b. la révolution → ....

c. la dictature → ....

d. l'empire → ....

e. la féodalité → ....

f. le pharaon → ....

g. le prince → ....

h. la noblesse → ....

i. le tyran → ....

j. le chevalier → ....

 [L'HISTOIRE] p. 68

2 Entourez le mot qui convient dans chaque phrase.

a. Napoléon Iᵉʳ sur *le siège / trône / tabouret* impérial est un portrait en costume peint par Ingres.

b. Au long du XVIIIᵉ siècle, l'esprit des *Allumés / Incendiaires / Lumières* influença une partie de la noblesse française.

c. La *Cour / chevalerie / croisade* est une institution militaire féodale.

d. Les thermes de Cluny sont des vestiges *gallo-romains / préhistoriques / grecs*.

e. La Belle Époque est une période s'étendant de la fin du *XVIIIᵉ / XIXᵉ* siècle au début de la *Première / Seconde* Guerre mondiale.

f. *Comte / Duc / Doc* n'est pas un titre de noblesse.

g. *La Renaissance / La période coloniale / L'Empire* constitue un pont entre le Moyen Âge et l'époque moderne.

h. La princesse attend son chevalier *servant / dévoué / fidèle*.

i. Les communes limitrophes de Paris constituent la *petite / moyenne / grande* couronne.

j. La hache est un outil de l'âge *de bronze / d'or / d'argent*.

[LE TEMPS]

3 Complétez les phrases quand c'est nécessaire avec les mots suivants : *depuis /*
après que / depuis que / dans / il y a / lors de / au cours de / dès que / en.

a. Cette peinture représente Napoléon sur un dromadaire ....
la campagne d'Égypte.

b. Madame la Duchesse va beaucoup mieux .... trois jours.

c. Le doctorat en Histoire se fait .... cinq ans : deux de master et
trois de thèse.

d. On définit son sujet de recherche .... l'année de master 1.

e. .... cet homme a été élu, c'est l'anarchie dans le pays.

f. La conférence du professeur Modard a débuté .... une heure.

g. Elle devait partir .... trois mois en Grèce, mais finalement elle y
est restée .... six mois.

h. Il devrait être diplômé .... peu de temps.

i. .... Lisa a vu les peintures rupestres de Lascaux, la période
préhistorique est devenue sa passion.

j. .... vous aurez visité le Louvre, vous rendrez les audio-guides.

 [LE TEMPS]

4 Entourez le mot qui convient dans chaque phrase.

a. Le directeur va *autrefois / de nouveau* prendre la parole. Il ne s'arrête jamais ?

b. Désolé, le ministre ne peut vous parler *à l'instant / pour l'instant*.

c. Je n'ai pas vu Stéphane *de nos jours / ces jours-ci*. Il va bien ?

d. Il a rencontré Sharon en 2005, elle était encore étudiante *en ce moment / à ce*
moment-là.

e. Nous avons changé d'avis, *enfin / finalement* nous assisterons à la conférence.

f. Ça suffit les enfants. Tenez-vous tranquilles *finalement / à la fin* !

g. Pendant *un temps / un moment*, je n'ai pas pu prononcer un mot.

h. Cette ligne a été interrompue mais elle est *de nouveau / encore* en fonctionnement.

i. La fermeture du musée est *temporaire / temporelle*.

 [LE PASSÉ]

5 Les verbes des phrases suivantes sont au passé simple, mettez-les au passé composé.

a. Elle naquit en Bourgogne.

→ ....

b. Il les mena auprès du roi.

→ ....

c. Ils furent de grands historiens.

→ ....

d. Ils vécurent heureux et eurent beaucoup d'enfants.

→ ....

e. Ils la virent à la conférence mais ne la reconnurent pas.

→ ....

....

f. Elle se fit construire une réplique du Petit Trianon.

→ ....

....

g. Elles devinrent célèbres.

→ ....

h. Ils s'enfuirent par la fenêtre du château.

→ ....

i. Il la prit par la main.

→ ....

j. Ils se plurent immédiatement.

→ ....

 **[LE PASSÉ]** p. 70

6 Mettez les verbes entre parenthèses au passé simple, à l'imparfait ou au plus-que-parfait dans cet extrait de *L'Éducation sentimentale* de Gustave Flaubert.

Elle (avoir) .... un large chapeau de paille, avec des rubans roses qui

(palpiter) .... au vent derrière elle. Ses bandeaux noirs, contournant

la pointe de ses grands sourcils, (descendre) .... très bas et (sembler)

.... presser amoureusement l'ovale de sa figure. Sa robe de mousseline

claire, tachetée de petits pois, (se répandre) .... à plis nombreux.

Elle (être) .... en train de broder quelque chose ; et son nez droit, son

menton, toute sa personne (se découper) .... sur le fond de l'air bleu.

Comme elle (garder) .... la même attitude, il (faire) ....

plusieurs tours de droite et de gauche pour dissimuler sa manœuvre ; puis

il (se planter) .... tout près de son ombrelle, posée contre le banc,

et il (affecter) .... d'observer une chaloupe sur la rivière.

Jamais il ne (voir) .... cette splendeur de sa peau brune, la séduction

de sa taille, ni cette finesse des doigts que la lumière (traverser) ....

Il (considérer) .... son panier à ouvrage avec ébahissement, comme

une chose extraordinaire. Quels (être) .... son nom, sa demeure, sa vie,

son passé ? Il (souhaiter) .... connaître les meubles de sa chambre,

toutes les robes qu'elle (porter) ...., les gens qu'elle (fréquenter)

....

Phonétique **Les accents**

Repérage

1 Écoutez l'enregistrement et observez les phrases suivantes.

cd
24

a. Je sais où il habite : à côté de l'hôpital, près de la forêt.

b. C'est cette maison-là, allée du Commerce, au septième étage.

c. La tirade du nez a eu un grand succès.

d. Des mûres poussent au pied des murs de toute l'île. C'est sûr.

e. Il a poussé un cri de détresse : son plat de pâtes était raté.

f. La reine Élisabeth règne en Angleterre, Philippe est le roi des Belges.

I. Sur quelles lettres peut-on trouver un accent ? Lequel ?

→ ....

....

II. Dans quels cas peut-on trouver un accent circonflexe, un accent grave sur un « e » ?

→ ....

→ ....

III. Dans quels cas est-il impossible d'écrire un accent ?

→ ....

....

IV. Dans quels cas l'accent modifie-t-il la prononciation de la voyelle ?

→ ....

....

Entraînement

2 Écoutez ces phrases puis placez les accents manquants.

a. Les policiers empechent les pietons de passer mais pas les representants de la presse.

b. Elle a rendez-vous au ministere des Affaires etrangeres.

c. Revele-nous la specificite de la vaisselle perigourdine.

d. Tu achetes les billets pour les conges de fevrier ?

e. Nous esperons trouver un remede efficace contre le cancer.

f. Elles recoltent des peches regulierement chaque semaine.

Dictée phonétique

Écoutez l'enregistrement, écrivez les phrases, puis vérifiez l'orthographe page 121.

cd
26

a.→ ....

b.→ ....

c.→ ....

d. → ....

e. → ....

f. → ....

g. → ....

h. → ....

Détente

Retrouvez les noms de 12 châteaux de la Loire cachés dans la grille.

A	S	D	S	B	L	O	I	S	C	V	G	I	J	y
W	Z	V	F	G	y	H	I	N	P	A	D	V	Ɛ	B
D	G	A	M	B	O	I	S	Ɛ	U	L	X	I	R	Ɛ
I	B	G	y	N	F	y	y	F	R	Ɛ	R	L	y	A
O	L	V	S	L	I	D	R	B	I	N	T	L	O	U
D	A	T	D	Q	Ɛ	Q	A	J	U	Ç	y	A	Ɛ	R
N	N	U	C	W	A	R	Ɛ	y	T	A	U	N	R	Ɛ
V	G	P	y	I	P	Q	I	Ɛ	O	y	U	D	y	G
X	Ɛ	C	H	W	Z	Z	U	D	R	U	I	R	Ɛ	A
L	A	M	H	F	C	H	Ɛ	V	Ɛ	R	N	y	R	R
y	I	D	G	A	y	Ɛ	R	T	R	A	O	O	T	D
G	S	W	C	X	M	A	N	Ɛ	U	T	U	Q	G	A
H	C	X	B	V	C	B	Z	I	Ɛ	y	P	X	F	U
A	V	T	C	H	Ɛ	N	O	N	C	Ɛ	A	U	V	S
T	B	y	U	G	D	A	F	R	I	Q	Q	D	S	S
S	C	H	I	N	O	N	I	P	D	U	G	F	A	É

- Amboise
- Azay-le-Rideau
- Beauregard
- Blois
- Chambord
- Cheverny
- Chenonceau
- Langeais
- Ussé
- Chinon
- Valençay
- Villandry

Compréhension orale

MARC BLOCH

Écoutez cet enregistrement et répondez aux questions.

Compréhension

1 De quel type d'enregistrement s'agit-il ?

O une conférence

O un discours politique

O un exposé

O une publicité pour un livre

2 Qui est Marc Bloch (plusieurs réponses possibles) ?

O un historien

O un résistant

O un antiquaire

O un militaire

O un professeur de droit

O un journaliste

3 Quelle est l'année de naissance de Marc Bloch ?

→ ....

4 Quelle revue a-t-il créée avec Lucien Febvre ?

→ ....

5 Dans quelle ville a-t-il vécu pendant la Seconde Guerre mondiale ?

→ ....

6 Les affirmations sont-elles vraies ou fausses ? Justifiez vos réponses.

a. Marc Bloch avait une conception traditionnelle de l'histoire.   O Vrai O Faux

Justification : ....

b. Il est devenu colonel très jeune.   O Vrai O Faux

Justification : ....

c. Il a participé au débarquement en Normandie.   O Vrai O Faux

Justification : ....

d. Il est mort en 1944.   O Vrai O Faux

Justification : ....

Vocabulaire

7 Recherchez dans ce dialogue des équivalents aux énoncés ci-dessous.

a. se battre ⟶ ....

b. la célébrité ⟶ ....

c. créer ⟶ ....

d. la France ⟶ ....

e. transformer radicalement ⟶ ....

f. Il a suivi les traces de son père. ⟶ ....

Production écrite

Rédigez la biographie d'une personnalité marquante de l'Histoire de France en 250 mots.

....

....

....

....

....

....

....

....

....

....

....

....

....

....

À VOTRE SANTÉ !

[SANTÉ ET MALADIE] p. 82

1 Quels verbes correspondent aux noms suivants ?

a. l'auscultation → ....

b. le diagnostic → ....

c. la guérison → ....

d. la prescription → ....

e. le soin → ....

f. le bandage → ....

g. la blessure → ....

h. la brûlure → ....

i. la cicatrice → ....

j. la digestion → ....

k. l'irritation → ....

l. le sang → ....

m. la souffrance → ....

n. le vaccin → ....

o. la consultation → ....

p. le dépistage → ....

q. l'infection → ....

r. la greffe → ....

s. l'hôpital → ....

t. la transfusion → ....

[SANTÉ ET MALADIE] p. 82

2 Complétez le texte avec les mots suivants en faisant les accords nécessaires :
toux / repos / contagieux / fièvre / tête / homéopathique / virus / fatigue / douleur / épidémie / antibiotique.

Les .... de grippe saisonnière surviennent chaque année en France au cours de l'automne et de l'hiver. Causée par un .... , la grippe saisonnière est une infection respiratoire très ....

Les symptômes

La grippe saisonnière se manifeste souvent brutalement par :

• une forte .... (autour de 39 °C),

• une .... intense,

• des .... musculaires et articulaires,

• des maux de .... ,

• puis une .... sèche.

Les traitements

Le .... au lit est indispensable pendant au minimum 48 heures.

Les .... n'ont pas d'action sur le virus de la grippe mais il existe de

nombreux traitements .... efficaces si on les prend lors de l'apparition

des premières manifestations.

[LA DESCRIPTION PHYSIQUE] p. 86

3 Dites à quelle(s) partie(s) du corps on fait référence dans les phrases suivantes.

a. Il est chauve. → ....

b. Elle a le teint mat. → ....

c. Il est poilu. → ....

d. Elle est poivre et sel. → ....

e. Il a une petite brioche. → ....

f. J'ai mal au crâne. → ....

g. Oh les beaux petits petons ! → ....

h. J'ai mal au bide. → ....

i. Il porte le bouc. → ....

j. Elle a des caries. → ....

k. J'ai la migraine. → ....

l. Il est myope. → ....

[LA DESCRIPTION PHYSIQUE] p. 86

4 Complétez le texte avec les mots manquants : *svelte / obèse / élancé(e) / poids / rond(e) / taille / maigre.*

En France, la .... moyenne pour les femmes est de 1,63 m et celle des

hommes de 1,75 m.

Leur .... moyen continue d'augmenter : un homme déclare peser

actuellement 77 kg en moyenne et une femme 63 kg.

Pour une personne grande et fine, on peut dire qu'elle est ....

Autres détails morphologiques

Pour une personne qui est très grosse et qui a des problèmes de santé, on dit qu'elle est

....

Pour quelqu'un qui n'est pas mince et un peu gros, on peut dire qu'elle est

.... ou au contraire si une personne n'est pas grosse, on peut dire qu'il

ou elle est ...., mais, si la personne est trop mince, on dira qu'il ou elle

est .... comme un clou.

[PARTICIPE PRÉSENT, GÉRONDIF, ADJECTIF VERBAL] p. 84

5 Remplacez les gérondifs et participes présents par une autre forme.

Exemple : *Étant insomniaque, il n'a pas fermé l'œil de la nuit.*
→ *Comme il est insomniaque, il n'a pas fermé l'œil de la nuit.*

a. Ayant des problèmes respiratoires, elle a arrêté de fumer.

→ ....

b. Se sentant mal, il a appelé SOS médecins.

→ ....

c. Son estomac ne cessant de gargouiller, elle a dû stopper sa consommation de chocolat.

→ ....

d. C'est en chutant dans l'escalier qu'il s'est fait mal au dos.

→ ....

e. Il a appelé l'ambulance en gardant son calme.

→ ....

f. C'est en l'auscultant que le médecin a diagnostiqué une bronchite chez ce patient.

→ ....

g. N'ayant pas eu le temps de déjeuner, il a l'estomac dans les talons.

→ ....

h. Manquant de sommeil et d'énergie, elle a commencé une cure de vitamines.

→ ....

i. En marchant plus souvent, vous seriez en meilleure santé.

→ ....

j. Il boit un verre d'eau en prenant ses comprimés.

→ ....

[PARTICIPE PRÉSENT, GÉRONDIF, ADJECTIF VERBAL] p. 84

6 Transformez ces phrases en remplaçant les énoncés soulignés par un participe présent ou un adjectif verbal.

Exemple : *Il a trouvé son collègue <u>qui respirait</u> avec difficulté.*
→ *Il a trouvé son collègue respirant avec difficulté.*

a. Ils ont été retrouvés <u>alors qu'ils tremblaient</u> de froid.

→ ....

b. Méfiez-vous des gens <u>qui changent</u> souvent d'avis.

→ ....

c. À cause de la fièvre, son front <u>brûlait</u>.

→ ....

d. C'est un patient <u>qui a des exigences</u>.

→ ....

e. Elle étudie seule <u>et ne communique</u> avec personne.

→ ....

f. Une indemnité <u>qui équivaut</u> à trois mois de salaire lui sera versée.

→ ....

g. Dans cet hôpital, vous avez du personnel <u>qui travaille</u> avec enthousiasme.

→ ....

h. L'année <u>qui a précédé</u> son divorce, elle était malade.

→ ....

[PARTICIPE PASSÉ ET PARTICIPE COMPOSÉ] p. 89

7 Justifiez les accords des participes passés dans les phrases suivantes.

Exemple : *Les infirmières sont venues quand l'alarme a sonné.*
→ *venues : verbe être, le participe passé s'accorde avec le sujet.*

a. Elle a <u>vu</u> le docteur Bachir hier.

→ ....

b. Voici le résultat des examens qu'il a <u>passés</u>.

→ ....

c. La patiente s'est r<u>éveillée</u> à six heures.

→ ....

d. Dès le moment où ils se sont <u>rencontrés</u>, ils se sont <u>écrit</u> régulièrement.

→ ....

e. Ils ne se sont pas <u>souvenus</u> de l'heure du rendez-vous.

→ ....

f. Elle s'est <u>fait</u> refaire le nez.

→ ....

g. C'est un spécialiste des greffes cardiaques. Il en a <u>fait</u> une vingtaine.

→ ....

h. Elle est <u>rentrée</u> avec tous les médicaments qu'elle s'était <u>procurés</u>.

→ ....

[PARTICIPE PASSÉ ET PARTICIPE COMPOSÉ] p. 89

8 Accordez les participes passés, si c'est nécessaire.

a. Ils nous ont envoyé .... un courriel.

b. Vous n'avez pas trouvé .... votre écharpe ? Je l'avais posé .... sur le bureau.

c. Les documents qu'il m'a donné .... sont inutiles.

d. Les années se sont enfui .... laissant de profondes rides sur son front.

e. Elle ne nous a pas écrit .... depuis son opération.

f. Elle s'est cassé .... la jambe en faisant du ski.

g. Les deux collègues se sont croisé .... mais ils ne se sont pas parlé ....

h. Les patients sont très nombreux. Hier j'en ai vu .... une trentaine.

i. Vous avez vu la villa qu'ils se sont fait .... construire ?

Phonétique   Les sons s [s], z [z]

Repérage

**1 Dans les phrases suivantes, entendez-vous le son s [s] ou le son z [z] ?
Dans quels mots ?**

cd
28

	J'entends le son :	Dans les mots :
	[s] [z]	
a.	○ ○	....
b.	○ ○	....
c.	○ ○	....
d.	○ ○	....
e.	○ ○	....
f.	○ ○	....
g.	○ ○	....
h.	○ ○	....
i.	○ ○	....

Entraînement

2 Écoutez ces phrases puis répétez-les.   cd 29

a. Pour qui sont ces serpents qui sifflent sur nos têtes ?

b. Les amis de mes amis sont mes amis.

c. Le couscous n'est pas une spécialité suisse.

d. Zazie est grassouillette.

e. Nous faisons un stage de spéléo.

f. Ils scient les racines des érables.

g. Elle redessine aisément les costumes de *Casse-Noisette*.

h. Les élus hésitent à participer à un face à face télévisé.

i. Pousse-toi ! Laisse plus de place à Élisabeth.

j. Vous avez passé le sas de sécurité ?

A Phonie-graphie

Réécoutez la prononciation des phrases de l'exercice 1, lisez la transcription page 121 et dites comment peuvent s'écrire les sons [s] et [z].

cd 28

Le son [s] peut s'écrire → ....

Le son [z] peut s'écrire → ....

Dictée phonétique

Écoutez l'enregistrement, écrivez les phrases, puis vérifiez l'orthographe page 122.

cd 30

a. → ....

b. → ....

c. → ....

d. → ....

e. → ....

f. → ....

g. → ....

h. → ....

Détente

Quel spécialiste consulte-t-on si on a...

a. un problème de surpoids ?   •

b. une baisse de la vision ?   •

c. des problèmes urinaires ?   •

d. une maladie des poumons ?   •

e. des crises d'angoisse ?   •

f. des problèmes hormonaux ?   •

g. une maladie infantile ?   •

h. de l'acné ?   •

i. des problèmes articulatoires ?   •

j. les jambes lourdes ?   •

k. une allergie à la poussière ?   •

l. des problèmes de reins ?   •

m. une carie ?   •

n. des troubles de la mémoire ?   •

o. des problèmes auditifs ?   •

p. des douleurs d'estomac ?   •

q. le cœur fragile ?   •

• **1.** Le dermatologue

• **2.** Le pneumologue

• **3.** Le gastro-entérologue

• **4.** Le cardiologue

• **5.** L'endocrinologue

• **6.** Le dentiste

• **7.** Le pédiatre

• **8.** L'allergologue

• **9.** Le médecin nutritionniste

• **10.** Le phlébologue

• **11.** L'urologue

• **12.** Le néphrologue

• **13.** Le neurologue

• **14.** Le psychiatre

• **15.** L'ophtalmologiste

• **16.** Le rhumatologue

• **17.** L'oto-rhino-laryngologiste

Compréhension orale

INCOMPRÉHENSION

Écoutez ce dialogue et répondez aux questions en justifiant vos réponses.

cd
31

Compréhension

1 Qui parle ? Que savez-vous des deux personnages ?

a. Ils sont :　　　○ amis　　　　　○ collègues　　　　　○ voisins

b. Ils s'appellent : → ....

2 De quelle « incompréhension » s'agit-il ?

→ ....

3 Au début du dialogue, Madame Lepic est :

○ malade　　　　　　　○ préoccupée　　　　　　　○ énervée

4 Charlie a :

○ des problèmes de dos　　　○ des problèmes de digestion　　　○ mal aux pattes

5 Quels sont les symptômes évoqués dans ce dialogue ?

→ ....

6 À la fin du dialogue, M. Hernandez est :

○ gêné　　　　　　　○ en colère　　　　　　　○ troublé

Vocabulaire

7 Recherchez dans le texte des équivalents de :

a. désolé → ....

b. être inquiet (x2) → ....

c. guérir → ....

d. se lamenter → ....

Production écrite

> Peut-on avoir un ministre de la Santé qui est obèse ? C'est le débat que certains médias ont en ce moment après la nomination de Robert Wawrinka dans le nouveau gouvernement.
>
> La polémique a commencé avec le tweet d'un journaliste, Tom Gasquet. « Notre pays a un ministre de la Santé publique obèse. Cette critique sera jugée inopportune mais qu'en est-il de sa crédibilité ? », écrit-il samedi sur son compte Twitter.
>
> Très rapidement, on lui reproche ce tweet malvenu. Cependant, certains internautes, lecteurs du journal trouvent la question pertinente.

Écrivez au journal pour donner votre opinion sur le sujet en 250 mots minimum.

CHASSEZ LE NATUREL...

 [LA MÉTÉO] p. 101

1 Complétez le texte avec les mots suivants en faisant les accords nécessaires :
ensoleillé / vent / couvert / tempête / brouillard / pluie / température / neige / éclaircie / temps / pluvieux / baisse / doux.

La météo sur la côte normande est fortement influencée par la mer. En hiver, la
.... est extrêmement rare, mais les .... peuvent être
dévastatrices. En été, le .... peut changer très rapidement, passant du
soleil à la .... en quelques heures. Il fait plutôt .... et les
.... sont sans excès tout au long de l'année.

Prévisions pour le week-end du 30 novembre

Samedi, le ciel sera gris et .... en baie de Seine et Haute-Normandie. À
Cherbourg, le temps sera même .... Le .... soufflera entre 30 et
40 km/h. Les températures, en .... , s'échelonneront entre 5 et 9 °C.
Dimanche, il fera relativement beau sur toute la Normandie. La matinée sera très
.... , une alternance de nuages et d' .... occupera l'après-midi. La
visibilité en soirée sera limitée par un risque de ....

 [L'ENVIRONNEMENT] p. 102

2 Complétez l'article avec les mots suivants en faisant les accords nécessaires :
côte / fuite / marée noire / pétrole / pétrolier / plongée / profond / profondeur / protection / sablonneux.

Le *Trosso*, un .... appartenant à une société inconnue, s'est échoué, la nuit
dernière, au large de la .... africaine. Sa coque étant endommagée, les
autorités ont décidé de procéder au pompage du .... transporté par le cargo
pour éviter tout risque de ....

Une barrière de .... a également été mise en place autour du cargo accidenté pour faire face à d'éventuelles .... Cette région est très appréciée par de nombreux touristes en raison de la faible .... de l'eau : on peut se baigner facilement, pratiquer la .... ou faire des excursions sur de grandes barques à voile.

Le pompage a commencé dans la matinée et le cargo pourrait en principe à nouveau flotter et permettre une opération de renflouement demain. En effet, le Trosso s'est échoué dans une zone où l'eau est peu .... , sur un fond blanc et ....

 [L'ENVIRONNEMENT] p. 102

3 Trouvez les verbes qui correspondent aux noms suivants.

a. l'abandon → ....

b. la disparition → ....

c. l'emballage → ....

d. l'épuisement → ....

e. le gaspillage → ....

f. la nuisance → ....

g. la pollution → ....

h. la production → ....

i. la protection → ....

j. le tri → ....

VOCABULAIRE

> les animaux sauvages

LES MAMMIFÈRES

la biche / le cerf

la chauve-souris

le chevreuil

l'écureuil *(m.)*

le loup

le lynx

l'ours *(m.)*

le rat

le renard

le sanglier

la souris

LES OISEAUX

l'aigle *(m.)*

le canard sauvage

la chouette

la cigogne

le corbeau

le cygne

le faisan

le faucon

le hibou

l'hirondelle *(f.)*

le moineau

la mouette

la pie

le pigeon

LES BATRACIENS / LES REPTILES

la couleuvre

le crapaud

la grenouille

le lézard

le serpent

la tortue

la vipère

[LES ANIMAUX SAUVAGES]

4 Associez le mâle, la femelle et le petit.

Exemple : *un cerf, une biche, un faon*

a. un cerf •	• une chienne •	• un caneton
b. un canard •	• une jument •	• un porcelet
c. un jars •	• une louve •	• un oison
d. un coq •	• une brebis •	• un chevreau
e. un cheval •	• une chèvre •	• un poussin
f. un loup •	• une biche •	• un agneau
g. un bouc •	• une poule •	• un chiot
h. un cochon •	• une oie •	• un faon
i. un mouton •	• une cane •	• un louveteau
j. un chien •	• une truie •	• un poulain

 [LES ANIMAUX SAUVAGES]

5 L'animal et son cri : entourez la bonne réponse.

a. Le chat miaule / aboie.

b. L'oiseau gazouille / grince.

c. L'ours siffle / grogne.

d. Le coq rit / chante.

e. La grenouille coasse / glousse.

f. Le lapin cause / clapit.

g. Le canard chicotte / caquette.

h. Le chien aboie / couine.

i. La vache beugle / vagit.

j. Le perroquet ricane / parle.

[LES ANIMAUX SAUVAGES]

6 Faites correspondre un adjectif à chaque animal.

a. heureux ·		· **1.** un chien
b. rouge ·		· **2.** des sardines
c. jaloux ·		· **3.** un singe
d. fidèle ·		· **4.** un renard
e. rusé ·	**comme**	· **5.** un homard
f. serrés ·		· **6.** un tigre
g. malin ·		· **7.** le loup blanc
h. connu ·		· **8.** un poisson dans l'eau
i. sale ·		· **9.** un cochon
j. frisé ·		· **10.** un mouton

 [LES PRONOMS PERSONNELS] **p. 96**

7 Répondez aux questions en utilisant le ou les pronoms appropriés.

Exemple : *Tu as recyclé les bouteilles en verre ?* → *Oui, je les ai recyclées.*

a. Tu vas annoncer la nouvelle à ton amie ? → Non, ...

b. Il tient à la sauvegarde de la forêt amazonienne ? → Oui, ...

c. Vous avez entendu parler des énergies propres ? → Non, ...

d. Tu as dit à tes parents que tu avais réussi tous tes examens ? → Oui, ...

....

e. Vous savez quand il reviendra ? → Non, ...

f. Tu te souviens de tout ce gaspillage qu'on a fait ? → Oui, ...

....

g. Le réchauffement climatique vous fait peur ? → Non, ...

h. Est-ce que Manon ressemble à sa mère ? → Oui, ...

i. Tu as téléphoné aux Michaux ? → Non, ...

[LES PRONOMS PERSONNELS] **p. 96**

8 Remplacez les mots soulignés par un pronom personnel dans la réponse.

Exemple : — *Il connait <u>Julie</u> ? — Oui, il voit régulièrement.* → *— Oui, il <u>la</u> voit régulièrement.*

a. — Il voit souvent <u>ses cousins</u> ?

— Je ne crois pas, il parle rarement. →

b. — Vous avez pensé <u>à ma proposition</u> ?

— Oui, nous avons réfléchi. →

c. — Elle arrive <u>de l'école</u> ?

— Oui, elle vient à l'instant. →

d. — Il a des <u>amis</u> à Rome ?

— Oui, il a deux ou trois.→

e. — Comment a-t-il appelé <u>son association</u> ?

— Il a donné un nom très explicite : *Sauver la Terre.* →

f. — Tu me permets <u>de tout raconter à Jeff</u> ?

— Oui, je permets. →

g. — <u>Ses parents</u> l'aident ?

— Oui, elle a toujours besoin. →

h. — Tu fais souvent <u>des randonnées</u> ?

— Oui, j'aime faire. →

Phonétique   Les sons f [f], v [v], p [p], b [b]

Repérage

1 Dans les phrases suivantes, entendez-vous le son f [f], le son v [v] ou le son [b] ? Dans quels mots ? Répétez ensuite ces phrases.

cd
32

	J'entends le son :			Dans les mots :
	[f]	**[v]**	**[b]**	
a.	○	○	○	....
b.	○	○	○	....
c.	○	○	○	....
d.	○	○	○	....
e.	○	○	○	....
f.	○	○	○	....
g.	○	○	○	....
h.	○	○	○	....
i.	○	○	○	....
j.	○	○	○	....

Entraînement

2 Écoutez ces phrases puis répétez-les.

cd
33

a. Basile n'est pas un homme facile.

b. Elle vend des balances à Valence.

c. Vous là-bas, venez vite !

d. C'est un prof. La preuve : il est volubile.

e. Vivement les vacances !

f. Vous vivez en ville ?

g. Je ne pense pas que Blaise me plaise.

h. C'est un philosophe viennois.

i. Le père d'Albert est veuf.

j. Vous partez ? Bon vent !

Dictée phonétique

Écoutez l'enregistrement, écrivez les phrases, puis vérifiez l'orthographe page 122.

cd 34

a. → ....

b. → ....

c. → ....

d. → ....

e. → ....

f. → ....

g. → ....

h. → ....

Détente

Placez la bonne légende sous la photo correspondante (trois mots sont inutilisés).

a. un étang – **b.** une grotte – **c.** une lande – **d.** un ruisseau – **e.** une clairière – **f.** un rivage – **g.** une embouchure – **h.** un pic – **i.** un marais

Compréhension écrite

Lisez cet extrait de roman et répondez aux questions.

LA MARE AU DIABLE

Ils se remirent en route, traversèrent la grande brande[1], et comme, pour ne pas fatiguer la jeune fille et l'enfant par un trop grand trot, Germain ne pouvait faire aller la Grise bien vite, le soleil était couché quand ils quittèrent la route pour gagner les bois.

Germain connaissait le chemin jusqu'au Magnier[2] ; mais il pensa qu'il y aurait plus court
5 en ne prenant pas l'avenue de Chanteloube[2], mais en descendant par Presles[2] et la Sépulture[2], direction qu'il n'avait pas l'habitude de prendre quand il allait à la foire. Il se trompa et perdit encore un peu de temps avant d'entrer dans le bois ; encore n'y entra-t-il point par le bon côté, et il ne s'en aperçut pas, si bien qu'il tourna le dos à Fourche[2] et gagna beaucoup plus haut du côté d'Ardentes[2].

10 Ce qui l'empêchait alors de s'orienter, c'était un brouillard qui s'élevait avec la nuit, un de ces brouillards des soirs d'automne que la blancheur du clair de lune rend plus vagues et plus trompeurs encore. Les grandes flaques d'eau dont les clairières sont semées exhalaient des vapeurs si épaisses que, lorsque la Grise les traversait, on ne s'en apercevait qu'au clapotement de ses pieds et à la peine qu'elle avait à les tirer de la vase.

15 Quand on eut enfin trouvé une belle allée bien droite, et qu'arrivé au bout, Germain chercha à voir où il était, il s'aperçut bien qu'il s'était perdu ; car le père Maurice, en lui expliquant son chemin, lui avait dit qu'à la sortie des bois il aurait à descendre un bout de côte très raide, à traverser une immense prairie et à passer deux fois la rivière à gué. Il lui avait même recommandé d'entrer dans cette rivière avec précaution, parce qu'au
20 commencement de la saison il y avait eu de grandes pluies et que l'eau pouvait être un peu haute. Ne voyant ni descente, ni prairie, ni rivière, mais la lande unie et blanche comme une nappe de neige, Germain s'arrêta, chercha une maison, attendit un passant, et ne trouva rien qui put le renseigner. Alors il revint sur ses pas et rentra dans les bois. Mais le brouillard s'épaissit encore plus, la lune fut tout à fait voilée, les chemins étaient affreux,
25 les fondrières[3] profondes. Par deux fois, la Grise parut s'abattre ; chargée comme elle l'était, elle perdait courage, et si elle conservait assez de discernement pour ne pas se heurter contre les arbres, elle ne pouvait empêcher que ceux qui la montaient n'eussent affaire à de grosses branches, qui barraient le chemin à la hauteur de leurs têtes et qui les mettaient fort en danger. Germain perdit son chapeau dans une de ces rencontres et eut grand-peine
30 à le retrouver. Petit-Pierre s'était endormi, et, se laissant aller comme un sac, il embarrassait tellement les bras de son père, que celui-ci ne pouvait plus ni soutenir ni diriger le cheval.

Je crois que nous sommes ensorcelés, dit Germain en s'arrêtant : car ces bois ne sont pas assez grands pour qu'on s'y perde, à moins d'être ivre, et il y a deux heures au moins que
35 nous y tournons sans pouvoir en sortir.

George Sand, *La Mare au diable*, 1846

> **Notes :**
> **1** brande : végétation de sous-bois
> **2** Magnier, Chanteloube, Presles, La Sépulture, Fourche et Ardentes sont des petits villages.
> **3** fondrière : trou plein d'eau ou de boue dans le sol.

Compréhension

1 Combien y a-t-il de personnages dans cette aventure ?

→ ....

2 Qui sont-ils ? → ....

3 Qui est « la Grise » ?

○ une vieille dame   ○ un cheval   ○ une jeune fille

4 À quel moment de la journée l'action se déroule-t-elle ?

→ ....

5 Quel est le problème de ces personnages ?

○ Ils se sont égarés.

○ Ils ne trouvent pas d'abri contre la pluie.

○ Ils sont bloqués par les inondations.

6 Quelle impression la nature donne-t-elle ? Entourez les mots exacts.

hostile   amicale

périlleuse   venteuse

humide

chaleureuse   obscure

Vocabulaire

7 Relevez les mots en rapport avec la campagne qu'ils traversent.

→ ....

8 Relevez les mots en rapport avec l'eau.

→ ....

9 Retrouvez dans le texte des mots correspondant aux définitions ci-dessous.

a. espace dégagé dans la forêt → ....

b. devenir plus dense → ....

c. plaine sans végétation → ....

d. terrain couvert d'herbe pour l'alimentation des animaux → ....

e. horrible → ....

Production écrite

Décrivez un paysage qui vous est cher en 250 mots.

....

....

....

....

....

....

....

....

....

....

....

....

....

....

....

....

....

C'EST DE L'ART !

A à z [L'ART] 📖 p. 111

1 Quels sont les noms qui correspondent aux verbes suivants ?

Exemple : *créer* → *le créateur / la créatrice - une création*

a. dessiner → ....

b. peindre → ....

c. collectionner → ....

d. graver → ....

e. photographier → ....

f. caricaturer → ....

g. encadrer → ....

h. poser → ....

i. sculpter → ....

j. esquisser → ....

A à z [L'ART] 📖 p. 111

2 Complétez les phrases avec les mots suivants en faisant les accords nécessaires :
nuance / chef-d'œuvre / abstrait / pinceau / crayon / art moderne / nature morte / toile / artiste / chevalet / maîtrise / sculpture.

a. Le vernissage en présence de l'... est prévu à 18 h 30.

b. Cette .... en marbre ? Elle est affreuse !

c. Cette boutique spécialisée en matériel de peinture propose un grand choix de

...., de .... et de ....

d. Regarde ce tableau. Quel .... !

e. Très doué ce peintre chinois ! Quelle .... de la calligraphie !

f. Mon mari ne comprendra jamais rien à l'... .

g. Un cadre doré pour ce tableau .... ! Aucun intérêt !

h. Les .... de gris sont très subtiles.

i. Des citrons, un potiron et trois poires. Je déteste les ....

j. Ce dessin est remarquable. Vous avez un excellent coup de ....

[L'APPRÉCIATION] p. 113

3 **Cochez l'adjectif qui convient (plusieurs réponses possibles).**

	beau / belle	joli / jolie	mignon / mignonne
a. le musée du Louvre	○	○	○
b. une statuette	○	○	○
c. un bébé	○	○	○
d. une maisonnette	○	○	○
e. Paris	○	○	○
f. un village	○	○	○
g. le moniteur de sport	○	○	○
h. un tableau de Léonard de Vinci	○	○	○
i. George Clooney	○	○	○
j. Marilyn Monroe	○	○	○

 [L'APPRÉCIATION] p. 113

4 **Associez les mots de sens voisin par paires :** *affreux / étrange / laid / chouette / horrible / génial / pas mal / moyen / moche / drôle / super / pas terrible.*

a. .... ≈ ....

b. .... ≈ ....

c. .... ≈ ....

d. .... ≈ ....

e. .... ≈ ....

f. .... ≈ ....

VOCABULAIRE

> dans la cuisine

LE MATÉRIEL DE CUISSON

l'autocuiseur *(m.)* /
   la « Cocotte-Minute »

le barbecue

la casserole

la cocotte / le faitout

le four

la marmite

le micro-ondes

la poêle

le wok

LE MATÉRIEL ÉLECTRIQUE

le batteur

la bouilloire

le mixeur

le robot

la centrifugeuse / l'extracteur de jus *(m.)*

le grille-pain

le hachoir

LES USTENSILES DIVERS

le chinois

la louche

le moulin à poivre

la passoire

la planche à découper

la spatule

 [DANS LA CUISINE]

5 Complétez les phrases suivantes avec un mot des listes ci-dessus.

a. Je fais sauter des légumes dans ...., à la chinoise.

b. Mets le couvercle sur ...., l'eau bouillira plus vite !

c. Il fait cuire des asperges à la vapeur dans ....

d. Je mets un morceau de beurre dans .... avant de verser la pâte à crêpe.

e. Le poulet cuit à .... est moins sec qu'au four.

f. Je préfère les côtelettes grillées au ....

g. Je sers le potage à l'aide d'une ....

h. Le chef utilise un .... pour filtrer le bouillon de légumes.

i. Il tranche le jambon sur une ....

j. Elle réchauffe son plat cuisiné au ....

k. Les pâtes s'égouttent dans une ....

l. Je racle le fond de la casserole avec une ....

 [DANS LA CUISINE]

6 Quel matériel électrique utilise-t-on pour préparer...

a. un thé ? ⟶ ....

b. un jus de carottes ? ⟶ ....

c. des toasts ? ⟶ ....

d. un steak haché ? ⟶ ....

e. une soupe ? ⟶ ....

f. des blancs en neige ? ⟶ ....

[L'EXPRESSION DE LA QUANTITÉ] p. 116

Un plat traditionnel : la blanquette de veau

Temps de préparation : 15 minutes Temps de cuisson : 2 heures

Ingrédients (pour 4 personnes) :
- 1 kg de veau
- 1 cube de bouillon de poulet
- 1 cube de bouillon de légumes
- 2 grosses carottes
- 1 gros oignon
- 1 petite boîte de champignons (coupés)

- 1 petit pot de crème fraîche
- le jus d'un demi-citron
- 1 jaune d'œuf
- 20 g de beurre
- 50 g de farine
- 25 cl de vin blanc

Préparation :
• Faire revenir la viande dans le beurre pour que les morceaux soient un peu dorés.
• Saupoudrer de 2 cuillères à soupe de farine.
• Bien mélanger. Ajouter 2 verres d'eau et remuer.
• Ajouter les 2 cubes de bouillon. Ajouter le vin et couvrir d'eau.
• Couper les carottes en rondelles et les oignons, puis les ajouter, ainsi que les champignons.
• Laisser mijoter à feu très doux environ 2 h en remuant de temps en temps.
• Si nécessaire, rajouter de l'eau.
• Dans un bol, bien mélanger la crème fraîche, le jaune d'œuf et deux cuillères à café de jus de citron. Ajouter ce mélange au dernier moment, bien remuer et servir tout de suite.
La blanquette peut être accompagnée de riz ou de pommes vapeur.

---

7 Relevez les unités de quantité dans la recette ci-dessus. Notez-les en toutes lettres.

....

....

....

....

....

....

....

[L'EXPRESSION DE LA QUANTITÉ] p. 116

8 Reliez les quantités équivalentes.

a. une tonne	•	• **1.** 1/2
b. une livre	•	• **2.** 1/3
c. une heure	•	• **3.** 500 grammes
d. une minute	•	• **4.** 3 600 secondes
e. un quintal	•	• **5.** 1/4
f. un hectare	•	• **6.** 100 kilos
g. une demi-livre	•	• **7.** 10 000 mètres carrés
h. une moitié	•	• **8.** 1 000 kilos
i. un tiers	•	• **9.** 60 secondes
j. un quart	•	• **10.** 250 grammes

 [LES PRONOMS RELATIFS] p. 110

9 Complétez les phrases suivantes par un pronom relatif (précédé de *ce* au besoin).

a. Le violon sur .... elle joue est un Stradivarius.

b. Tu connais Honfleur ? Une ville .... tu trouveras de nombreuses galeries d'art.

c. Ce sont des livres .... il a envie d'acheter.

d. Tout .... se trouve dans ce musée date des XIXe et XXe siècles.

e. Vous souvenez-vous de ce couple de Brésiliens chez .... nous avons mangé une excellente feijoada ?

f. Il n'a pas oublié .... tu lui avais parlé lors de ce dîner chez les Michaux.

g. Toutes ces sculptures sont en cristal de Bohème, ... est très fragile.

h. C'est un grand projet .... voici l'essentiel.

i. .... j'aime chez cet artiste ? Son excentricité !

j. C'est un problème .... il faut réfléchir sérieusement.

k. Elle s'est procurée une photo sur .... il y a une dédicace de Doisneau.

l. Jules n'aime pas le poisson. Je me demande .... lui plaît.

[LES PRONOMS RELATIFS] p. 110

10 Complétez les phrases suivantes par un pronom relatif et, si nécessaire, une préposition.

a. C'est un artiste .... on parle dans les médias, mais .... j'apprécie peu.

b. J'ai quelques CD de Vincent Delerm, ... *Kensington Square* et *Les Amants parallèles*.

c. La pâtisserie à côté .... se trouve ma galerie a une spécialité de saint-honoré.

d. Cette sculptrice est une amie .... je peux compter.

e. L'ami avec l'aide .... j'ai fait ce livre est un expert en estampes japonaises.

f. Le jour où j'aurai 30 ans, je louerai une salle .... j'exposerai mes photographies.

g. Voici Pamela et Jeff, les amateurs d'art .... je vous ai parlé.

h. Le musée a fait l'acquisition d'une toile de Monet .... possédait un collectionneur hongrois et .... est représenté un paysage champêtre.

Phonétique Les sons ch [ʃ], j [ʒ], s [s], z [z]

Repérage

1 Dans les phrases suivantes, quels sons entendez-vous : ch [ʃ], j [ʒ], s [s] ou z [z] ? Dans quels mots ?

cd 35

J'entends le son :	Dans les mots :
a.	
b.	
c.	
d.	
e.	
f.	
g.	
h.	

Entraînement

2 Écoutez ces phrases puis répétez-les.

a. J'aime les chaumières de Gentilly.

b. Josette achète des chaussettes rouges.

c. Elle est si riche, je suis jalouse.

d. Seize chaises pour six cents Chinoises, ça ne suffit pas.

e. J'ai épousé une jeune et jolie Javanaise.

f. Nous mangeons des choux à la crème chantilly.

g. Je cherche un gel pour les cheveux.

h. Le décollage est à seize heures précises.

i. Jérôme, c'est le chouchou du prof.

j. La plage est déserte, il fait trop chaud.

Dictée phonétique

Écoutez l'enregistrement, écrivez les phrases, puis vérifiez l'orthographe page 123.

a. → ....

b. → ....

c. → ....

d. → ....

e. → ....

f. → ....

g. → ....

h. → ....

Détente

1 Quel est l'ingrédient principal de ces plats typiques ?

a. la blanquette ·

b. la brandade ·

c. le cassoulet ·

d. la choucroute ·

e. le couscous ·

f. la fondue ·

g. la poutine ·

h. la pissaladière ·

i. la potée auvergnate ·

j. le waterzooï ·

· **1.** le chou (x 2)

· **2.** les frites

· **3.** le fromage

· **4.** les haricots secs

· **5.** la morue

· **6.** les oignons

· **7.** le poulet

· **8.** la semoule

· **9.** le veau

2 Où peut-on voir ces œuvres ? Quel en est l'auteur ?

a. *La Joconde*

b. *Le Déjeuner sur l'herbe*

c. *Guernica*

d. *Soupe Campbell*

e. *La Pietà*

f. *La Ronde de nuit*

g. *Les Nymphéas*

1. Le Vatican

2. Musée de l'Orangerie

3. Musée national centre d'art Reina Sofía (Madrid)

4. Rijksmuseum Amsterdam

5. Musée d'Orsay

6. Museum of Modern Art (New York)

7. Musée du Louvre

I. Pablo Picasso

II. Léonard de Vinci

III. Michel-Ange

IV. Édouard Manet

V. Rembrandt

VI. Andy Warhol

VII. Claude Monet

a. → ....

b. → ....

c. → ....

d. → ....

e. → ....

f → ....

g. → ....

Compréhension écrite

Lisez cet extrait d'article et répondez aux questions.

À LA GLOIRE DE LA FEMME

Elle court, elle court Angélique Kidjo. D'une radio à l'autre, des camps du Darfour aux villages ougandais, de la scène du Carnegie Hall aux bancs des Nations unies. Voilà vingt ans que la chanteuse béninoise est sur tous les fronts, sans relâche.
5 Ambassadrice de l'Unicef, engagée aux côtés d'Oxfam, à l'origine de Batonga, fondation militant pour l'accès à l'éducation secondaire des jeunes filles sur le continent noir, elle mène plus que jamais un combat dédié à la femme africaine, « la colonne vertébrale de l'Afrique », selon elle. Elle lui
10 consacre aussi son nouvel album, *Eve*, le douzième de sa carrière, époustouflant d'énergie et d'audace artistique. Pour chanter la dignité de la femme africaine, son élégance et sa résistance, la diva a convié 10 chœurs de femmes du Kenya et du Bénin rencontrés au gré de ses voyages, ainsi que la chanteuse Asa, le Kronos Quartet, l'Orchestre philharmonique
15 du Luxembourg et Dr John. Angélique Kidjo croise avec brio pop, classique et rythmes traditionnels africains et rend hommage à ces femmes trop souvent réduites au statut de victimes. Ici, elles sont fondamentalement battantes et maîtresses de leur destin.

Frédérique BRIARD, *Marianne*, 18-24 avril 2014

Compréhension

1 Qu'est-ce que ce texte ?

O une biographie   O une critique   O un compte rendu de spectacle

2 À quelle occasion a-t-il été écrit ?

→ ....

3 Quel portrait fait-on de la femme africaine ? Elle est...

O agile   O élégante   O forte

O sportive   O digne   O faible

O victime   O résistante   O soumise

4 Vrai ou faux ? Justifiez votre réponse par un extrait du texte.

a. Angélique Kidjo est dynamique.   ◯ Vrai   ◯ Faux

→ ....

b. Elle est de nationalité ougandaise.   ◯ Vrai   ◯ Faux

→ ....

c. Elle est engagée.   ◯ Vrai   ◯ Faux

→ ....

d. Elle plaint les femmes africaines.   ◯ Vrai   ◯ Faux

→ ....

e. Elle est sédentaire.   ◯ Vrai   ◯ Faux

→ ....

Vocabulaire

5 Retrouvez dans le texte des équivalents des énoncés suivants.

a. sans s'arrêter → ....

b. talent → ....

c. très étonnant → ....

d. invité → ....

e. mêle → ....

f. au hasard → ....

Production écrite

> **Formez-vous à l'art-thérapie**
>
> Aujourd'hui, l'art-thérapie prend de plus en plus d'importance dans les secteurs médico-sociaux et éducatifs.
>
> Toutes les techniques sont exploitables : musique, danse, théâtre, conte, mime, broderie, cinéma, dentelle, dessin, peinture, modelage, calligraphie...
>
> Une association de votre ville propose une formation d'une durée de cinq jours afin de vous initier pour devenir bénévole auprès de structures médicales et éducatives.
>
> Cette formation vous intéresse.

Envoyez votre candidature pour cette formation en exposant vos motivations en 250 mots.

DE VOUS À MOI

 [VIE QUOTIDIENNE, APPAREILS MÉNAGERS ET OUTILS] p. 124

1 Complétez le texte avec les mots suivants en faisant les accords nécessaires :
perceuse / câble / entretien / marteau / fixer / bricolage / appareil / pinceau /
machine à laver / peinture.

L'engouement des Français pour le bricolage n'est plus à démontrer. En effet, le week-end,

ils s'enthousiasment souvent à l'idée de donner un coup de .... ou de

manier le .... Les Français consacrent plus de 3 000 euros par an dans

l'aménagement de leur intérieur, en y incluant les dépenses de jardinage,

d'... et d'équipement en .... électroménagers. Ils font

leurs achats dans les boutiques spécialisées : .... , ... ,

parquet, etc. Le bricolage favoriserait même le dialogue dans le couple !

Bricolorama a d'ailleurs enrichi son site en y postant des vidéos de leçons de ....

qui associent techniques de pose et pratique : comment appliquer une .... ?

Comment raccorder des .... électriques ? Comment ....

une étagère murale ? Eh oui, certains gestes ne s'improvisent pas !

 [LES SENTIMENTS] p. 130

2 Dites quel est le sentiment exprimé dans les phrases suivantes : *la joie /*
la peur / la gêne / la tristesse / la jalousie / l'inquiétude / la colère / l'amour /
l'orgueil / la surprise / l'énervement.

a. Il est embarrassé. → ....

b. Je meurs de trouille ! → ....

c. J'en suis resté baba. → ....

d. Je suis fou d'elle. → ....

e. Il est rouge de rage. → ....

f. Il est hors de lui. → ....

g. Elle a pleuré toutes les larmes de son corps. → ....

h. Je me fais du souci. → ....

i. Elle est aux anges. → ....

j. J'ai la chair de poule. → ....

k. Tu commences à me casser les pieds. → ....

l. Quand il a vu ma nouvelle bagnole, il a fait une jaunisse. → ....

m. Il se la pète, à exhiber sa nouvelle montre. → ....

A à z [LES SENTIMENTS] p. 130

3 Dites quels sont les contraires des mots ci-dessous.

a. fidèle	≠		**f.** généreux	≠ ....
b. respectueux	≠		**g.** gai	≠ ....
c. honnête	≠		**h.** rassuré	≠ ....
d. tendu	≠		**i.** inquiet	≠ ....
e. indifférent	≠		**j.** hostile	≠ ....

A à z [LES SENTIMENTS] p. 130

4 Complétez les phrases avec un des mots suivants : *phobie / contrarié / souci / anxiété / panique / confiance / remords / reconnaissant / trac / moral.*

a. Un grand merci pour ton aide. Je t'en suis très ....

b. Il ne se sent pas bien aujourd'hui. Il n'a pas le ....

c. J'ai la .... des insectes ; je peux crier à la vue d'un papillon.

d. Elle se fait du .... pour sa fille qui vient de rater son bac.

e. Je te promets que je vais le faire. Fais-moi ....

f. Quand un ours est entré dans la boutique, cela a été la .... totale.

g. Je n'ai pas été gentil avec lui ; j'ai des ....

h. Avant d'entrer en scène, les comédiens ont souvent le ....

i. Le psychiatre lui a prescrit des calmants pour traiter son ....

j. On n'a pas écouté mon point de vue lors de la réunion. Je suis ....

[L'EXPRESSION DE LA MANIÈRE] p. 126

5 Transformez l'adjectif entre parenthèses en adverbe et placez-le à la bonne place dans les phrases.

a. Elle a parlé de la situation. (sérieux)

→ ....

b. Il a contacté la presse. (secret)

→ ....

c. Je ne l'ai pas vu. (récent)

→ ....

d. Il n'a pas fini le livre. (entier)

→ ....

e. C'est le contraire. (exact)

→ ....

f. Elle ne lit pas l'arabe. (courant)

→ ....

g. C'est une personne charmante. (absolu)

→ ....

h. Léa est aussi élégante en robe du soir qu'en jeans. (franc)

→ ....

[L'EXPRESSION DE LA MANIÈRE] p. 126

6 Réécrivez les phrases suivantes en choisissant l'un des adverbes proposés.

a. Ne l'écoute pas ! Il essaye de t'impressionner. (parfaitement / relativement / d'habitude / surtout)

→ ....

....

b. On peut revendre un studio à Paris. (pêle-mêle / longtemps / facilement / beaucoup)

→ ....

c. Il a écrit un livre sur son expérience. (extrêmement / peu / beaucoup / vite)

→ ....

....

d. Hervé et Vérane se sont-ils mariés ? (environ / bien / bientôt / près)

→ ....

e. Cette édition numérotée de poèmes d'amour coûte cher. (très / beaucoup / déjà / environ)

→ ....

....

f. Bob a gagné le cœur de Sandra. (sans doute / beaucoup / plus / bientôt)

→ ....

g. Il a peur que l'entretien de ce château soit très cher. (parfaitement / tant / probablement / beaucoup)

→ ....

....

h. Les performances se jugent aux résultats. (bientôt / ensemble / seulement / là)

→ ....

Phonétique ▸ Les sons k [k], g [g], d [d], t [t]

Repérage

**1 Dans les phrases suivantes, quels sons entendez-vous : k [k] ou g [g] ?
Dans quels mots ?**

cd
38

	J'entends le son :		Dans les mots :
	[k]	**[g]**	
a.	○	○	....
b.	○	○	....
c.	○	○	....
d.	○	○	....
e.	○	○	....
f.	○	○	....

2 Dans les phrases suivantes, quels sons entendez-vous : d [d] ou t [t] ?
Dans quels mots ?

cd
39

	J'entends le son :		Dans les mots :
	[d]	**[t]**	
a.	○	○	....
b.	○	○	....
c.	○	○	....
d.	○	○	....
e.	○	○	....
f.	○	○	....

Entraînement

3 Écoutez ces phrases puis répétez-les.

cd
40

a. Qui est-ce qui a cassé ma guitare ?

b. Tu danses le tango ? C'est dingue !

c. Vendredi, tu m'as tout dit ?

d. Gabrielle a fait le tour du monde en 212 jours.

e. Dis ! Tu as étudié la guerre de Troie ?

f. Ce club est totalement dément.

g. Tous les cacatoès crient dans la jungle.

h. Douai-Tunis en car, c'est la galère !

i. Grand-mère va guincher dans une guinguette.

j. D'Artagnan était un cadet de Gascogne.

Dictée phonétique

Écoutez l'enregistrement, écrivez les phrases, puis vérifiez l'orthographe page 123.

cd
41

a. → ....

b. → ....

c. → ....

d. → ....

e. → ....

f. → ....

g. → ....

h. → ....

Détente

La bise. Vrai ou Faux ? Justifiez votre réponse quand elle est fausse.

a. En France, en Belgique et en Suisse, on se salue en se serrant la main, avec une révérence en signe de respect quand on ne se connaît pas.

O Vrai   O Faux   → ....

....

b. Au Québec, les gens se donnent l'accolade quand ils se connaissent.

O Vrai   O Faux   → ....

c. Généralement, les hommes entre eux se serrent la main, mais il arrive de voir deux hommes se faire la bise.

O Vrai   O Faux   → ....

d. Dans le milieu étudiant, on se présente généralement par les prénoms accompagnés d'un geste de la main ou d'une bise.

O Vrai   O Faux   → ....

....

e. Selon les habitudes de différentes régions, certaines personnes s'embrassent deux fois, mais parfois trois, quatre ; jusqu'à six fois.

O Vrai   O Faux   → ....

....

f. Un jeune et une personne âgée qui ne se connaissent pas se saluent de la tête avec les mains jointes.

O Vrai   O Faux   → ....

g. Les adultes tutoient les enfants et leur font la bise, même si l'enfant vient juste de leur être présenté.

O Vrai   O Faux   → ....

h. Entre personnes âgées, il existe parfois des codes pour se dire bonjour comme se taper la main ou le poing.

O Vrai   O Faux   → ....

i. On fait toujours la bise à son patron et on échange une poignée de main avec ses collègues.

O Vrai   O Faux   → ....

j. Entre enfants, on se frotte le bout du nez pour se saluer.

O Vrai   O Faux   → ....

Compréhension orale

LES MEILLEURS AMIS

Écoutez les dialogues et répondez aux questions.

cd
42

Compréhension

1 Quels sont les prénoms des personnages ?

→ ....

2 Qui est en couple avec qui ?

→ ....

3 Entourez les sentiments exprimés dans ces dialogues et justifiez votre réponse par un extrait pour chaque sentiment.

la colère   la joie   l'énervement

la tristesse

la jalousie la sympathie   la curiosité

la pitié

→ ....

→ ....

→ ....

→ ....

→ ....

4 Recherchez dans le dialogue des équivalents des énoncés ci-dessous.

a. être triste → ....

b. se mettre en colère → ....

c. bouder → ....

d. comprendre → ....

e. une dispute → ....

f. mettre en colère → ....

Production écrite

> ### Famille : les députés vont-ils voter la loi sur l'autorité parentale ?
>
> Une des mesures de cette loi concerne la meilleure reconnaissance du rôle des beaux-parents. En effet, plus de 900 000 enfants vivent actuellement avec un beau-père ou une belle-mère qui n'ont toujours pas de droits spécifiques, même s'ils préparent le soir des petits plats, donnent le bain, aident à faire les devoirs… Ils ne peuvent officiellement pas participer à des réunions avec les professeurs, emmener l'enfant chez le généraliste, porter plainte s'il se fait voler son portable… Demain, pour les actes usuels que leur conjoint leur aura autorisé à faire, ces beaux-parents pourront se prévaloir d'un mandat d'éducation quotidienne. En clair, un document qui certifiera leurs droits à s'occuper de l'enfant dans la vie courante.
> Vous êtes favorable à cette mesure ? Vous vous y opposez ? Votre avis nous intéresse.

Participez au débat sur notre forum dédié ou par mail à : redaction-web@lemag.fr (250 mots).

AU BOULOT !

 [LE TRAVAIL, L'ÉCONOMIE] p. 140

1 Reliez les deux termes d'une expression.

a. décrocher •   • 1. sa démission

b. donner •   • 2. un emploi

c. effectuer •   • 3. en grève

d. gagner •   • 4. au noir

e. mettre •   • 5. à la porte

f. se mettre •   • 6. sa retraite

g. prendre •   • 7. un stage

h. travailler •   • 8. sa vie

 [LE TRAVAIL, L'ÉCONOMIE] p. 140

2 Faites correspondre les mots qui ont un sens voisin.

a. apprentissage   f. emploi   k. job   p. travail

b. arrêt de travail   g. employeur   l. licencier   q. travailler

c. bosser   h. engager   m. patron   r. virer

d. boulot   i. formation   n. PDG

e. embaucher   j. grève   o. recruter

→ apprentissage ≈ formation / ....

....

....

....

[LA COMPARAISON] p. 145

3 Le quartier de la Défense hier et aujourd'hui. Comparez ces deux photos.

....

....

....

....

 [LA COMPARAISON] p. 145

4 Entourez la réponse correcte.

a. Il est têtu comme *un mouton / une mule*.

b. Elle est haute comme *trois tomates / trois pommes*.

c. Il est sage comme *une image / un dessin*.

d. Elle est jolie comme *un cœur / une image*.

e. Il a les cheveux blonds comme *le soleil / les blés*.

f. Elle pleure comme *une madeleine / une rivière*.

g. Il tremble comme *une feuille / un arbre*.

h. Il est léger comme *une plume / une feuille*.

i. Elle est gaie comme *un singe / un pinson*.

j. Ils se ressemblent comme *deux gouttes d'eau / deux mains*.

k. Nous sommes serrés comme *des puces / des sardines*.

l. Il est sourd comme *un pot / une carpe*.

m. Elle est excitée comme *une puce / une baleine*.

 [LA CONDITION ET L'HYPOTHÈSE]

5 Complétez les phrases suivantes avec les structures qui conviennent : *au cas où / en cas de / si / à supposer qu' / sans / à moins de / à condition qu' / avec.*

a. La marchandise sera livrée demain .... il n'y ait pas de grève.

b. .... retard, préviens-moi !

c. J'irai te chercher à l'aéroport .... tu me dis ton heure d'arrivée.

d. .... prendre un taxi, je ne vois pas comment nous pourrions être à l'heure au rendez-vous.

e. .... tu serais encore malade demain, préviens la secrétaire.

f. .... 500 euros de plus, je pourrais réduire le délai de livraison.

g. .... il fasse beau demain, je sortirais du boulot plus tôt.

h. .... l'aide de mon associé, je n'aurais jamais pu ouvrir cette boîte.

 [LA CONDITION ET L'HYPOTHÈSE]

6 Mettez les verbes entre parenthèses au temps et au mode qui conviennent.

a. J'accepte votre offre à condition que vous (accepter) .... ma proposition.

b. Au cas où vous (ne pas être) .... au courant, je vous rappelle que vous devez signer ce contrat avant lundi.

c. Nous devons avoir deux exemplaires de ce document au cas où nos bureaux en (perdre) .... un.

d. Je ne serais pas de si mauvaise humeur ce matin si je (finir) .... tout mon travail hier.

e. Vous devez présenter votre pièce d'identité dans l'hypothèse où il y (avoir) .... une fraude.

f. Tu serais moins fatigué si tu (ne pas travailler) .... autant.

g. Si vous croisez le patron, (dire) .... -lui que je suis en réunion.

h. Tu (rencontrer) .... mes collègues si tu étais venu chez nous samedi dernier.

i. Vous me l'auriez dit, je vous (prévenir) ....

Phonétique   Le son r [ʀ]

Repérage

1 Répétez les phrases suivantes. Combien de fois entendez-vous le son r [ʀ] ? Dans quels mots ?

cd 43

a. → ....

b. → ....

c. → ....

d. → ....

e. → ....

f. → ....

Entraînement

2 Mettez les verbes des phrases suivantes au conditionnel présent, prononcez-les à haute voix puis écoutez l'enregistrement pour vérifier.

cd 44

a. Tu peux venir ?

→ ....

b. Tu prends un dessert ?

→ ....

c. Il veut partir après-demain.

→ ....

d. Vous pouvez rester encore un peu.

→ ....

e. Tu dois entendre ce morceau.

→ ....

f. Tu pars avec moi vendredi ?

→ ....

g. Vous devez apprendre l'arabe et le roumain.

→ ....

h. Vous êtes ravis par ce livre.

→ ....

i. Nous pouvons rassembler nos affaires.

→ ....

j. Tu aimes raconter une histoire drôle ?

→ ....

Dictée phonétique

Écoutez l'enregistrement, écrivez les phrases, puis vérifiez l'orthographe page 124.

cd
45

a. → ....

b. → ....

c. → ....

d. → ....

e. → ....

f. → ....

g. → ....

h. → ....

Détente

Associez une profession et un outil de travail.

a. un dictionnaire •	• **1.** le cuisinier
b. un rabot •	• **2.** le juge
c. une truelle •	• **3.** le journaliste
d. un tableau •	• **4.** l'architecte
e. un stéthoscope •	• **5.** le traducteur
f. un chinois •	• **6.** le peintre
g. des ciseaux à bois •	• **7.** l'enseignant
h. du fil •	• **8.** le luthier
i. une seringue •	• **9.** l'agriculteur
j. des pinceaux •	• **10.** le couturier
k. un compas •	• **11.** l'infirmier
l. le code civil •	• **12.** le médecin
m. un tracteur •	• **13.** le coiffeur
n. un peigne •	• **14.** le menuisier
o. un micro •	• **15.** le maçon

b. un rabot   **c.** une truelle   **f.** un chinois

Compréhension écrite

Lisez ce texte et répondez aux questions.

LE LABOUREUR ET SES ENFANTS

Travaillez, prenez de la peine :
C'est le fonds qui manque le moins.
Un riche laboureur, sentant sa mort prochaine,
Fit venir ses enfants, leur parla sans témoins.
5 Gardez-vous, leur dit-il, de vendre l'héritage
Que nous ont laissé nos parents.
Un trésor est caché dedans.
Je ne sais pas l'endroit ; mais un peu de courage
Vous le fera trouver, vous en viendrez à bout.
10 Remuez votre champ dès qu'on aura fait l'août.
Creusez, fouillez, bêchez[1]; ne laissez nulle place
Où la main ne passe et repasse.
Le père mort, les fils vous retournent le champ
Deçà, delà, partout ; si bien qu'au bout de l'an
15 Il en rapporta davantage.
D'argent, point de caché. Mais le père fut sage
De leur montrer avant sa mort
Que le travail est un trésor.

Jean de LA FONTAINE

Note :
1. retourner la terre avec une bêche (une pelle)

Compréhension

1 Qui est l'auteur ? À quel siècle vivait-il ?

→ ....

2 Qu'est-ce qu'un laboureur ?

○ un professeur   ○ un soldat   ○ un marin   ○ un paysan

3 Qu'est-ce que ce texte ?

○ un roman   ○ une fable   ○ une nouvelle   ○ un conte

4 Quelle est la morale de cette histoire ? Justifiez votre réponse avec une phrase du texte.

○ Il vaut mieux quitter la campagne et aller travailler en ville.

○ Le travail est la chose la plus importante.

○ Les parents sont intelligents.

○ Le travail est fatigant.

➡ ....

....

5 Dites si les affirmations suivantes sont vraies ou fausses. Justifiez votre réponse avec une phrase du texte.

a. Au début de l'histoire, le laboureur est en bonne santé.   ○ Vrai   ○ Faux

➡ ....

....

b. Il est propriétaire de ses terres.   ○ Vrai   ○ Faux

➡ ....

....

c. La scène se déroule au mois d'octobre.   ○ Vrai   ○ Faux

➡ ....

d. Il a caché un trésor dans son champ.   ○ Vrai   ○ Faux

➡ ....

Vocabulaire

6 Trouvez dans le texte les équivalents des énoncés ci-dessous.

a. ne pas faire quelque chose ➡ ....

b. après la moisson ➡ ....

c. finir ➡ ....

d. gagner plus ➡ ....

Production écrite

Recherchons : Vendeur / Vendeuse en Téléphonie

Référence : 10072014 • Contrat : CDI • Secteur d'activité : Téléphonie / Internet
Lieu de travail : 75 Paris • Date de début : Dès que possible • Salaire : 11,53 € de l'heure •
Expérience : 1 an minimum

Description : AlloMobile recherche des Conseillers Commerciaux H/F en boutiques spécialisées (Téléphonie mobile, Internet, Multimédia…) basées à Paris, dans le Quartier Latin. Vos qualités relationnelles, votre esprit d'équipe et votre goût du challenge sont des atouts pour ce poste ainsi que votre maîtrise des langues étrangères.

Vos missions : Vous accueillez, informez, conseillez les clients français et étrangers dans leurs besoins télécom et assurez leur satisfaction. Vous devez argumenter et proposer des solutions en vous appuyant sur des démonstrations de produits.

Votre profil : Bac + 2 • Sens de l'écoute et de la négociation • Rigoureux et organisé

Rédigez une lettre de motivation pour répondre à cette petite annonce.

....
....
....
....
....
....
....
....
....
....
....
....
....
....
....

C'EST PAS NET

 [L'INTERNET ET L'INFORMATIQUE] p. 154

1 Trouvez l'intrus dans les listes de mots ci-dessous.

a. souris – scanner – clavier – application

b. arobase – batterie – courriel – messagerie

c. vidéo – hifi – ampli – enceinte

d. tactile – nomade – blog – tablette

e. clavier – icône – touche – pavé numérique

f. imprimante – forum – cartouche – papier

g. téléphone portable – kit mains libres – étui – site

 [L'INTERNET ET L'INFORMATIQUE] p. 154

2 Entourez la réponse correcte.

a. Il stocke l'intégralité de sa musique sur *un lecteur / un navigateur* MP3.

b. Elle écoute sa musique avec *une casquette / un casque* afin de ne déranger personne.

c. Fais un clic gauche sur *la souris / le mulot* pour activer l'élément pointé par le curseur.

d. Tu dois *appuyer / presser* sur la touche F5 de ton clavier pour actualiser la page.

e. Le *serveur / clavier* de l'entreprise est en panne.

f. J'ai pu stocker toutes mes photos sur une *connexion / clé* USB de 32 Go.

g. Ce nouvel ordinateur portable ultra fin n'a pas de *mémoire / disque* dur interne.

h. Tu peux télécharger cette *app / appli* gratuitement sur ta tablette.

i. La qualité d'image sur mon *écran / imprimante* 23 pouces est optimale.

j. Je dois *charger / recharger* la batterie de mon portable tous les deux jours.

[LES 5 SENS] p. 161

3 Faites correspondre chacun de ces adjectifs avec son ou ses contraires.

a. acide •	• **1.** doux
b. amer •	• **2.** fade
c. brillant •	• **3.** inodore
d. dur •	• **4.** lisse
e. odorant •	• **5.** mou
f. parfumé •	• **6.** pestilentiel
g. rugueux •	• **7.** sourd
h. savoureux •	• **8.** sucré
i. sonore •	• **9.** terne

 [LES 5 SENS] p. 161

4 Dites quels sont les noms qui correspondent aux verbes suivants.

a. apercevoir → ....

b. écouter → ....

c. déguster → ....

d. goûter → ....

e. palper → ....

f. parfumer → ....

g. percevoir → ....

h. savourer → ....

i. sentir → ....

j. voir → ....

[LA CONCESSION ET L'OPPOSITION] p. 152

5 Placez les mots manquants dans les phrases ci-dessous : *au lieu de / avoir beau / bien que / contrairement / n'empêche / pourtant / quand même / malgré / alors que / en revanche.*

a. .... ses efforts, il ne comprend rien à l'informatique.

b. .... paresser au lit, tu ferais mieux de chercher du travail.

c. Il ne poste jamais rien sur le net, ... il fait de très belles photos.

d. J'..................................... lui expliquer, il n'est pas capable d'envoyer un courriel.

e. .... à ce que tu crois, utiliser ce logiciel n'est pas très difficile.

f. Tu crois qu'il est stupide, ... qu'il a un master en informatique.

g. J'aime beaucoup utiliser les réseaux sociaux, ... ma sœur déteste ça.

h. Je ne comprends rien à ce logiciel, mais je vais essayer ....

i. Mon fils est nul en physique, ... il se débrouille bien en mathématiques.

j. Je vais lui demander de devenir mon ami, ... son profil ne soit pas très sympathique.

 [LA CONCESSION ET L'OPPOSITION] p. 152

6 Introduisez une idée d'opposition ou de concession dans les phrases ci-dessous en variant les tournures autant que possible.

a. Elle est malade, elle continue à travailler.

→ ....

b. Ce commerçant a l'air honnête, il vend des contrefaçons.

→ ....

c. Il dit que cette robe est faite à la main, je crois que c'est de la fabrication industrielle.

→ ....

d. Il est peu probable qu'il pleuve, la météo l'a annoncé.

→ ....

e. Il a commis une grosse faute, on l'a maintenu à son poste.

→ ....

f. C'est une très grande ville, je la connais très bien.

→ ....

g. Il a des économies, il ne dépense presque rien.

→ ....

h. Il a l'air sympa, il lui arrive de piquer de grosses colères.

→ ....

[INDICATIF, SUBJONCTIF OU INFINITIF ?] p. 157

7 Indicatif ou subjonctif ? Conjuguez le verbe à la forme correcte.

a. Je t'écris ce courriel afin que tu (comprendre) .... la situation.

b. Tu devrais passer chez mon ami informaticien avant qu'il s'en (aller) ....

c. Puisque tu (ne pas être) .... sage hier, tu ne sortiras pas ce soir.

d. Vous pouvez obtenir un abonnement gratuit à condition que vous (passer) .... à la boutique.

e. Bien qu'il y (avoir) .... le wifi dans ce café, je n'arrive pas à me connecter.

f. Lorsque tu (prendre) .... une décision, j'irai acheter l'ordinateur avec toi.

g. Je lui ai acheté ce jeu vidéo dès qu'il (obtenir) .... une bonne note.

h. Après qu'elle (partir) ...., j'ai téléchargé et regardé ma série préférée sur mon ordi.

[INDICATIF, SUBJONCTIF OU INFINITIF ?] p. 157

8 Conjuguez les verbes de ce dialogue au temps et au mode corrects.

Clara : Tu sais, il y a des opportunités professionnelles vraiment intéressantes dans la Silicon Valley. J'aurais bien envie d'y travailler.

Jules : C'est une bonne idée, mais pour que tu (pouvoir) .... y travailler, il faut que ton anglais soit parfait !

Clara : Absolument. Dès que je (décrocher) .... un job au paradis du high-tech, je prendrai un cours intensif d'anglais afin d' (être) .... parfaitement bilingue en arrivant là-bas.

Jules : En admettant que tu (obtenir) .... un boulot, tu te verrais t'installer aux États-Unis ?

Clara : Bien sûr. Depuis que mon amie Sandra (vivre) .... en Californie, j'en rêve tous les jours.

Jules : Comme tu t'y vois déjà ! Une fois que tu (ouvrir) .... les portes de ton paradis high-tech, j'espère que tu m'inviteras à te rendre visite.

Clara : À moins que tu (vouloir) .... partir avec moi ? Puisque tu (être) .... passionné par l'innovation technologique, nous pourrions créer une start-up ensemble.

Jules : Ah non, l'aventure ne me tente pas du tout. Et tant que tu (ne pas encore postuler) ...., ne rêve pas trop !

Phonétique   Méli-mélo de sons

Entraînement

Écoutez ces phrases puis répétez-les.

cd 46

a. J'ai vu Ferdinand à Venise vendredi.

b. *Tous à Zanzibar* est un roman de science-fiction à succès.

c. Les chaussettes de l'archiduchesse sont-elles sèches, archi-sèches ?

d. Bonjour, je cherche un enregistrement original de *La Javanaise*.

e. Un chasseur sachant chasser ne chasse jamais sans son chien.

f. Pardonnez-moi cette bévue absolument involontaire.

g. Ce navigateur a gagné une régate à Calais.

h. Hubert est sourd ? Tu es sûr ? J'en doute.

Dictée phonétique

Écoutez l'enregistrement, écrivez les phrases, puis vérifiez l'orthographe page 124.

cd
47

a. → ....

b. → ....

c. → ....

d. → ....

e. → ....

f. → ....

g. → ....

h. → ....

Détente

Retrouvez dans la grille 11 mots en relation avec le thème de l'informatique.

B	Ɛ	C	U	V	I	R	U	S	Ɛ	B	O	W	U	T
I	Z	G	O	L	I	C	Ɛ	C	P	F	R	Ɛ	Ɛ	Ɛ
M	C	A	R	N	B	P	A	D	Ɛ	G	A	B	L	L
P	O	C	Y	A	N	S	I	R	I	Ɛ	O	R	C	Ɛ
R	Ɛ	O	R	L	N	Ɛ	S	Q	T	S	Ɛ	O	R	C
I	S	U	T	J	Ɛ	D	X	U	P	O	S	P	T	H
M	T	R	H	O	F	R	Ɛ	I	G	N	Ɛ	A	R	A
A	R	R	Ɛ	L	D	C	I	S	O	T	R	R	Ɛ	R
N	Ɛ	I	V	R	Ɛ	R	L	D	D	N	P	O	V	G
T	L	Ɛ	D	I	Ɛ	B	L	O	G	Ɛ	L	B	D	Ɛ
Ɛ	A	L	O	Y	A	U	C	V	H	A	M	A	O	M
Ɛ	R	C	L	I	Q	U	Ɛ	R	Ɛ	Ɛ	U	S	O	Ɛ
B	O	G	U	M	Ɛ	N	T	O	Ɛ	O	Ɛ	Ɛ	U	N
S	A	U	V	Ɛ	G	A	R	D	Ɛ	R	O	R	C	T
A	S	O	U	R	I	S	A	I	H	M	Ɛ	R	H	O

Compréhension orale

SMARTPHONE PERDU OU VOLÉ, QUE FAIRE ? cd 48

Écoutez l'enregistrement et répondez aux questions.

1 Citez trois précautions à prendre en cas de perte ou de vol d'un smartphone.

a. ....

b. ....

c. ....

2 Pourquoi faut-il choisir un code complexe pour verrouiller son téléphone ?

→ ....

3 Le numéro IMEI du téléphone :

a. Qu'est-ce que c'est ? → ....

b. Où le trouve-t-on ? (3 possibilités)

→ ....

→ ....

→ ....

4 Quelles manipulations peut-on faire une fois qu'on a localisé son téléphone ?

→ ....

....

....

5 Pourquoi faut-il porter plainte en cas de vol du smartphone ?

→ ....

....

....

6 Que garantit éventuellement une assurance en cas de vol ?

→ ....

....

Production écrite

Le site *Tous connectés* invite les internautes à témoigner à propos de leur relation aux outils numériques. Vous rédigerez votre témoignage en 250 mots.

....

....

....

....

....

....

....

....

....

....

....

....

....

....

....

....

....

....

....

....

....

....

....

....

MAIS OÙ VA-T-ON ?

 [LE CHANGEMENT] p. 171

1 Quels sont les verbes qui expriment les idées suivantes ?

a. devenir plus grand → ....

b. rendre plus grand → ....

c. devenir plus gros → ....

d. devenir plus mince → ....

e. rendre plus mince → ....

f. devenir petit → ....

g. rendre noir → ....

h. devenir blanc → ....

i. rendre sale → ....

j. redevenir vert → ....

 [LE CHANGEMENT] p. 171

2 Complétez les phrases ci-dessous avec les mots suivants : *augmentation / chute / dégradation / diminution / élargissement / maintien / préservation / ralentissement / révolution.*

a. À la suite de cet attentat, on assiste à une .... des relations diplomatiques avec nos voisins.

b. Les salariés de l'entreprise Denis & frères réclament une .... du temps de travail, le .... d'une pause à 16 h et une .... des salaires.

c. On assiste à un .... de l'inflation qui passe de 3 % à 2 % mensuels.

d. Les « invasions barbares » ont entraîné la .... de l'empire romain.

e. Le WWF lutte pour la .... des espèces menacées.

f. Le conseil municipal a décidé l'......................... de la grand-rue.

g. L'invention de la roue a été une véritable .... pour l'agriculture.

[LE FUTUR] p. 166

3 Mettez le verbe entre parenthèses au temps qui convient (futur simple ou futur proche).

a. Cette conférence est ennuyeuse, je sens que je (m'endormir) ....

b. Je (ne jamais comprendre) .... les nouvelles tendances de la mode.

c. Si tu acceptes, tu ne le (regretter) .... pas.

d. Il y (avoir) .... toujours des inégalités sociales sur Terre.

e. Le ciel est couvert, il (pleuvoir) ....

f. Léo est absent; il (avoir) .... encore la grippe.

g. Il (ne jamais se marier) ....

h. Au XXIIe siècle, des êtres humains (vivre) .... sur Mars.

i. Elle (avoir) .... des jumeaux.

j. Je m'absente 10 minutes. Si le téléphone sonne, réponds ; ce (être) .... sans doute ton père.

[LE FUTUR] p. 166

4 Mettez le verbe entre parenthèses au temps qui convient (futur simple ou futur antérieur).

a. Tu nous (prévenir) .... aussitôt que tu (arriver) ....

b. En l'an 3000, les océans (recouvrir) .... de nombreuses îles.

c. Lorsque vous arriverez, ils (partir, déjà) ....

d. Quand elle (réaliser) .... son rêve, sa vie (être) .... différente.

e. Demain soir, nous (finir, enfin) .... ce travail.

f. Attends-moi ! Je (passer) .... avant 17 h.

g. Elle sera rassurée lorsqu'elle (recevoir) .... de vos nouvelles.

h. Dans 100 ans, les glaciers (disparaître) ....

i. Quand nous (terminer) .... les travaux, l'appartement (être) ....
confortable.

j. L'avion (décoller) .... dès que tous les passagers (prendre) ....
place.

 [LE BUT] **p. 168**

5 Complétez les phrases ci-dessous à l'aide des termes suivants : *en vue de / de
façon à / à cette fin / de crainte que / afin que / de peur de / projet / que.*

a. Elle ne sort jamais seule la nuit .... être attaquée.

b. Son portable est toujours allumé .... être joignable 24 heures sur 24.

c. Donne-moi le code d'accès .... je puisse me connecter à Internet.

d. Elle suit ce cours .... changer d'orientation professionnelle.

e. Il a éteint son smartphone .... je ne lise pas ses SMS.

f. Le .... de loi a été adopté par l'Assemblée nationale.

g. Je dois remplir ce formulaire en japonais ; ...., je vais demander à
Naoki de m'aider.

h. Il parle tout bas .... on ne l'entende.

Phonétique **Méli-mélo de sons**

Entraînement

Écoutez ces phrases puis répétez-les. cd 49

a. Sa secrétaire a trouvé des traces de rouge à lèvres sur son imper.

b. Josette porte les chaussettes de laine d'Hélène.

c. Le grand Robert dévore de gros grains de raisin.

d. Cheveux au vent, Yvonne dresse des chevaux fougueux.

e. Le relieur relie le livre que tu vas relire.

f. Richard a cessé de choyer Julie. C'est pas gentil.

Dictée phonétique

Écoutez l'enregistrement, écrivez les phrases, puis vérifiez l'orthographe
page 125.

cd
50

a. → ....

b. → ....

c. → ....

d. → ....

e. → ....

f. → ....

g. → ....

h. → ....

Détente

Retrouvez à quel siècle ces inventions françaises ont été créées.

le réveille-matin

le bikini

l'automobile

la Cocotte-Minute

la carte à puce

le TGV

la machine à calculer

la conserve alimentaire

l'eau de Javel

l'énergie nucléaire

le vaccin contre la rage

le champagne

l'avion

le bateau à vapeur

le journal imprimé

la photographie

xviiᵉ **siècle**	xviiiᵉ **siècle**	xixᵉ **siècle**	xxᵉ **siècle**
....	....	....	....
....	....	....	....
....	....	....	....
....	....	....	....

Compréhension écrite

Lisez cet extrait de roman et répondez aux questions.

LE MYSTÈRE DU LAC

Au centre du lac, un long objet fusiforme flottait à la surface des eaux, silencieux, immobile. […] Cet appareil, semblable au corps d'un énorme cétacé, était long de deux cent cinquante pieds environ et s'élevait de dix à douze pieds au-dessus du niveau de la mer.

Le canot s'en approcha lentement. À l'avant, Cyrus Smith s'était levé. Il regardait, en proie à une violente agitation. Puis, tout à coup, saisissant le bras du reporter :

« Mais c'est lui ! Ce ne peut être que lui ! », s'écria-t-il, « Lui !… »

Puis, il retomba sur son banc, en murmurant un nom que Gédéon Spilett fut seul à entendre.

Sans doute, le reporter connaissait ce nom, car cela fit sur lui un prodigieux effet, et il répondit d'une voix sourde :

« Lui ! Un homme hors-la-loi !

– Lui ! », dit Cyrus Smith.

Sur l'ordre de l'ingénieur, le canot s'approcha de ce singulier appareil flottant. Le canot accosta la hanche gauche, de laquelle s'échappait un faisceau de lumière à travers une épaisse vitre.

Cyrus Smith et ses compagnons montèrent sur la plate-forme. Un capot béant[1] était là. Tous s'élancèrent par l'ouverture.

Au bas de l'échelle se dessinait une coursive intérieure, éclairée électriquement. À l'extrémité de cette coursive s'ouvrait une porte que Cyrus Smith poussa. Une salle richement ornée, que traversèrent rapidement les colons, confinait à une bibliothèque, dans laquelle un plafond lumineux versait un torrent de lumière.

Au fond de la bibliothèque, une large porte, fermée également, fut ouverte par l'ingénieur. Un vaste salon apparut aux yeux des colons…

Étendu sur un riche divan, ils virent un homme qui ne sembla pas s'apercevoir de leur présence.

Alors Cyrus Smith éleva la voix et, à l'extrême surprise de ses compagnons, il prononça ces paroles :

« Capitaine Nemo, vous nous avez demandés ? Nous voici ».

Jules VERNE, *L'île mystérieuse*, 1875

Note :

1. porte ouverte

Compréhension

1 Quel est ce « long objet fusiforme » ?

→ ....

2 À quoi est-il comparé ?

○ une baleine   ○ un requin   ○ une torpille   ○ une flèche

3 L'aménagement intérieur donne une impression de luxe et de lumière. Avec quels énoncés ?

luxe → ....

....

lumière → ....

....

4 Pourquoi les compagnons de Cyrus Smith sont-ils surpris ? Parce que...

○ l'ingénieur Cyrus Smith a les clés des portes.

○ c'est le capitaine Nemo, un criminel, qui les reçoit.

○ le Nautilus fonctionne à l'électricité.

○ le capitaine Nemo ne les attendait pas.

Vocabulaire

5 Recherchez dans le texte des équivalents des énoncés ci-dessous :

a. en forme de fusée → ....

b. bizarre → ....

c. une barque → ....

d. un couloir → ....

e. se précipiter → ....

f. un canapé → ....

Production écrite

> ## L'obsolescence programmée
>
> Cette pratique des constructeurs est de plus en plus dénoncée par les associations de défense de l'environnement.
>
> La plupart des équipements électroniques et électriques sont concernés par cette stratégie ayant pour objectif de réduire la durée de vie d'un produit pour augmenter son taux de remplacement. Et surtout d'inculquer à l'acheteur le désir de posséder quelque chose d'un peu plus récent, un peu meilleur et un peu plus tôt que ce qui est nécessaire.
> Avec les fortes problématiques environnementales et économiques qu'elles posent, les stratégies de croissance des industriels fondées sur une surconsommation sont aujourd'hui fortement remises en cause.

Vous donnerez votre point de vue argumenté sur la question en 250 mots.

TRANSCRIPTIONS

page 7
Phonétique
Les liaisons
Activité 1 (piste 2)
a. Ils sont hollandais mais ils étudient à Lille.
b. J'ai un rendez-vous très important à neuf heures.
c. Elle aime le chocolat et elle en prend un carré après chaque repas.
d. Ce soir, elle préfère rester chez elle après un bon dîner.
e. Je suis vraiment heureux de faire votre connaissance.
f. C'est le plus grand avocat de la ville. Je l'ai vu dans une émission à la télé.
g. N'aie pas peur. Vas-y !
h. Quand nos invités vont-ils arriver ?
i. Les électeurs ne le trouvent pas sympathique, mais ils aiment ses idées.
j. Je vous en prie, asseyez-vous.

Activité 2 (piste 3)
a. Dis-lui de ne pas arriver en retard, c'est trop important pour Isabelle.
b. Vos amis sont en train de téléphoner.
c. Je pars en Allemagne, je vais y retrouver une amie.
d. Dans un an, on ira en Irlande.
e. Ils aiment beaucoup les haricots, achetez-en deux kilos.
f. C'est le grand amour. Ils ne sortent pas de chez eux.
g. Aujourd'hui, il y a dix étudiants dans la classe.
h. Je vous recommande ce film. Allez-y !
i. Je suis très heureux d'avoir fait votre connaissance.
j. Je vous en veux d'être arrivé en retard à ma fête.

page 8
Le « e » élidé et les lettres finales
Activité 1 (piste 4)
a. Elle est allée à la pharmacie acheter du sirop.
b. Cet enfant aime beaucoup ses cadeaux.
c. Pardon Monsieur, savez-vous où se trouve la grand-rue ?
d. Le train part dans quelques minutes.
e. Que puis-je faire pour vous ?
f. Est-ce que tu as vu le film *Huit femmes* ?
g. Il a pris un coup de poing sur le nez.
h. Tu devrais acheter ce sac, il est à un bon prix.
i. Généralement, les enfants aiment les bonbons.
j. Je te le dis. Tu exagères.

Activité 2 (piste 5)
a. Je ne veux pas le voir.
b. Ouvre la fenêtre, il fait trop chaud.
c. Marche plus rapidement.
d. Que désirez-vous ?
e. Je reviens de Hongrie.
f. Je ne crois pas qu'il ait raison.
g. Je te téléphone demain.
h. Parle-moi de toi.
i. Ce bateau s'appelle le *Hollandais volant*.
j. On se voit samedi.

page 9
Dictée phonétique (piste 6)
a. Qu'est-ce que vous regardez ?
b. S'ils le veulent, ils peuvent me rejoindre.
c. C'est gentil de venir nous accueillir.
d. Les Hongrois ont l'habitude d'aller au bain.
e. Il m'a dit d'attendre à l'hôtel de la Monnaie.
f. Puis-je vous raccompagner ?
g. Il balaie gaiement les escaliers.
h. J'aime beaucoup les halles de cette vieille ville.

Détente (piste 7)
a. Cette famille pauvre mais honnête vit dans une pauvre maisonnette.
b. — Tu es un des astres de ma vie. — Un désastre ?
c. Ils sont de bons étudiants ou ils ont de bons étudiants ?
d. On a rendez-vous à treize heures ou à trois heures ?
e. C'est un des espoirs de l'athlétisme français et le désespoir de ses parents.
f. Un billet pour le car de quatre heures et quart, s'il vous plaît.
g. Ce lézard aimait les arts martiaux.
h. Elle est à l'est.

unité 2

page 19
Des paroles et des sons
Activité 11 (piste 8)

a. Au feu ! Au feu !

b. Tu veux pas me prêter ta moto ? T'es pas cool !

c. C'est pas bientôt fini ce boucan ? On aimerait dormir.

d. T'as pas révisé pour le bac ? T'es ouf !

e. Aïe ! Vous pourriez faire attention !

f. Arrêtez et passez-moi le ballon ! Vous ne m'avez pas entendu siffler ?

g. Élisa et Johnny vont divorcer ? C'est un scoop, ça !

h. T'inquiète pas ! Tout va bien se passer. Relax !

Phonétique

Les sons i [i], u [y], ou [u]
Activité 1 (piste 9)

a. Elle l'a vu.

b. J'ai fini.

c. Cette eau est pure

d. C'est la vie !

e. Elle avoue.

f. C'est un beurre doux.

g. T'es sûr ?

h. Je suis pour.

i. T'es sourd ?

j. C'est pire.

Activité 2 (piste 10)

a. C'est un résultat nul.

b. Ta chemise est super.

c. Je prends la route lundi.

d. C'est une bonne idée.

e. Tu as vu la lune rousse ?

f. Elle est bulgare ou russe.

g. Vous avez bu du café ?

h. Il n'a rien su de tout ça.

i. Il a beaucoup plu dans le sud.

j. Allume la lumière, s'il te plaît.

page 20
Activité 3 (piste 11)

a. Tu veux un sucre ou deux ?

b. Vous ne fumez plus du tout.

c. C'est une habitude ridicule.

d. Je ne lis plus ce livre absurde.

e. Vous écoutez de la musique subliminale.

f. Tu viens en bus ou en voiture ?

g. Les loups ont disparu du Jura.

h. Nous buvons du jus de myrtilles.

i. Dis, tu as menti à Hubert ?

j. Vous n'en voulez pas, c'est sûr ?

Phonie-graphie (piste 12)

a. Je voudrais vivre sur une île déserte.

b. Notre amour durera toujours. J'en suis sûre.

c. Ce maïs a du goût.

d. Il joue au foot le lundi.

e. C'est un mystère.

f. Arrête de faire le clown !

g. Tu as eu du riz au dîner ?

Dictée phonétique (piste 13)

a. Ce film superbe m'a ému.

b. C'est un ouvrage de vulgarisation.

c. Il a deux pouces minuscules.

d. Luc vit à Tours dans une studette.

e. C'est l'hiver. Gare au rhume !

f. Gilles va cueillir des mûres le long du mur.

g. Elle va être mutée à Toulouse.

h. Cette Russe rousse est rusée.

i. Les cartes à puce sont plus sûres.

j. Loïc va faire du judo dans les Pyrénées.

page 22
Compréhension orale (piste 14)

ÉTUDIER LE CHINOIS
— Raphaël Schoentgen. Voilà, je suis président de GDF Suez en Chine et je suis en Chine aujourd'hui depuis 5 ans dans ce poste mais j'ai vécu en tout presque 10 ans maintenant en Chine à différentes périodes.

— Vivre en Chine, Raphaël Schoentgen s'y est préparé bien avant que l'opportunité d'y aller se présente à lui et son entreprise ne l'a pas choisi par hasard pour ce poste à Pékin.

— J'ai fait pendant mes études d'ingénieur en France du chinois et à partir du moment où vous avez marqué chinois sur votre CV assez naturellement on vous propose d'aller là-bas. Et donc c'est effectivement M. Mestralet, le PDG de GDF Suez, qui m'a donné sa confiance et qui m'a amené à aller là-bas pour ouvrir le bureau de GDF Suez il y a 5 ans.

— Qu'est-ce qui vous a poussé à apprendre le chinois ?

— Écoutez, j'ai une mère qui était professeure d'allemand et j'avais envie d'apprendre une nouvelle langue. Et donc j'ai commencé à faire le tour de tous les professeurs de l'école d'ingénieurs dans laquelle j'étais, professeurs d'italien, de japonais, de russe et tous les professeurs me disaient : « Si j'étais vous, je devrais apprendre le chinois. » C'était en 1993 donc, ensuite je suis allé voir la professeure de chinois qui m'a dit : « Si j'étais vous, je n'apprendrais surtout pas le chinois. C'est très, très difficile ». Et donc j'ai comme ça démarré le chinois. Très honnêtement, je n'étais pas un très bon étudiant, mais j'ai eu la chance d'aller ensuite à Hong Kong où un été j'ai pu prendre des cours particuliers et puis donc progressivement, comme ça, j'ai acquis un petit niveau et après, quand on vit dans le pays, j'ai progressivement acquis des compétences et aujourd'hui ça me permet de régler un certain nombre de choses en chinois, pas aller jusqu'à écrire des contrats, mais je fais quelques réunions en chinois et ça m'aide beaucoup à apprécier ce pays et nos partenaires en affaires. Donc voilà l'histoire et j'incite aujourd'hui très sincèrement l'ensemble des jeunes Français à s'intéresser à ce pays, à s'intéresser à cette culture. Il y a maintenant depuis quelques années, ce n'était pas le cas à l'époque où moi j'ai appris le chinois, des centres Confucius comme il y a des Alliances françaises. Allez-y, formez-vous ! C'est un atout aujourd'hui, c'est l'avenir. C'est comme l'anglais, l'espagnol, l'allemand, le russe, les grandes langues. Voilà, le chinois fait partie de la panoplie. Je ne peux que les engager à le faire.

unité 3

page 31
Phonétique

Les sons e [ə], é [e], è [ɛ]
Activité 1 (piste 15)
a. Je la revois ce soir.
b. Elle est infirmière.
c. Il a été dîné à Angers.
d. Nous allons revenir.
e. Tu as téléphoné à Didier ?
f. Claire est très belle.
g. Serge avait deux frères.
h. Je vous demande de vous souvenir de ce jour-là.
i. Laisse ça, aide ta mère !

Activité 2 (piste 16)
a. Reviens ! Je suis désolé.
b. Elle me voit ?
c. Demande-lui !
d. Ce soir ou demain soir ?
e. Ne lui dis pas ce que tu en penses !
f. Lequel tu préfères ?
g. Ces lunettes changent votre regard.
h. Descends de la chaise, tu vas te faire mal.

Activité 3 (piste 17)
a. Joëlle est partie dans la forêt.
b. Elle habite la maison verte.
c. Ça ne me plaît pas, j'ai de la peine.

d. Nous faisons notre travail.
e. Je t'ai demandé de payer, alors paye !
f. Que désirez-vous ?
g. Ces balles sont légères. Donne-les-moi !
h. Tu me prêtes ton vélo ?
i. Achète des fraises !
j. J'aime me promener sur les quais de Seine.

page 32
Dictée phonétique (piste 18)
a. Renée n'est pas prête, elle fait la sieste.
b. Cette personne qui nous précède avec des vêtements beiges est belge.
c. Cet élève est expérimenté, il relève le niveau de la classe.
d. Frédéric m'a révélé la vérité sur ce qu'il faisait.
e. C'est l'exception qui confirme la règle.

unité 4

page 38
Activité 4 (piste 19)
a. Tu vas en Nouvelle-Zélande ? Mais c'est au bout du monde !
b. Cet hôtel est idéal, la plage est à deux pas.
c. Vous comptez séjourner longtemps dans cette station ?
d. Arthur est un vrai routard, il a bourlingué dans le monde entier.
e. Pour notre voyage de noces, nous avons fait le tour du monde.
f. — Vous prendrez la pension complète ou la demi-pension ?
— Non, seulement le petit déjeuner.
g. Est-ce que le transfert de l'aéroport à l'hôtel est compris dans le forfait?
h. — Je voyage léger : un simple sac à dos. Et vous ?
— Moi, j'ai cette grosse valise et une petite mallette.
i. Je préfère voyager hors saison, les vols sont moins chers.
j. L'été dernier, nous avons fait une randonnée d'une semaine dans les Alpes, nous dormions dans des refuges isolés. C'était magique !

page 41
Phonétique

Les nasales an [ɑ̃], in [ɛ̃], on [õ]
Activité 1 (piste 20)
a. J'entends André qui arrive.
b. Simon a les cheveux blonds.
c. Tu mens, tu es méchant.

d. Ce sympathique Indien américain a très faim.

e. Mon oncle à une nouvelle montre.

f. Jacques Brel a chanté *Les Flamandes*.

g. Je n'ai trouvé aucun parfum coréen.

h. Le compte est bon.

i. Vous campez ensemble ?

j. Je lis sa synthèse sur les jardins italiens.

k. Cet oiseau ressemble à un paon.

Activité 2 (piste 21)

a. Prends des vacances, tu en as besoin.

b. Vous êtes infirmier ? C'est une profession intéressante.

c. Ce médecin mexicain est très sympathique.

d. Elle porte un pantalon de coton marron foncé.

e. C'est le printemps, les amandiers sont tout blancs.

f. Le gratin est servi. Viens ! J'ai faim.

g. Vous pensez sincèrement que c'est trop loin ?

h. Le thym et le romarin sentent bon, quel parfum !

i. Christian sera présent ? Les copains comptent sur lui.

j. Mes enfants mangent trop de bonbons.

page 42
Dictée phonétique (piste 22)

a. Il aime aller aux champs, il a du sang paysan.

b. Jouant à fond, la fanfare flamande fend la foule.

c. Ce Mongol a un accent fascinant quand il chante en hongrois.

d. Tu es malin, on arrive enfin au bout du chemin.

e. Un vent violent s'engouffre entre les pins, la tempête commence.

f. C'est la fin de la fête, éteins ces lumignons !

g. J'admire ce mannequin, surtout son teint et le timbre de sa voix.

h. Ne feinte pas, fonce droit au but.

page 44
Compréhension orale (piste 23)

LE DÉPART

BERNARD : Salut, Pascal. Alors, il paraît que tu veux quitter la France ?

PASCAL : Oui, j'en ai marre de ce petit train-train quotidien. Mais qui te l'a dit ? Je parie que c'est Marie-Jo, quelle concierge celle-là !

BERNARD : Ne lui en veux pas. Elle me l'a dit pour me rassurer. Je trouvais que tu avais mauvaise mine ces derniers temps et je me demandais ce qui se passait.

PASCAL : Tu es gentil de t'inquiéter pour moi, mais tout va bien. J'ai seulement envie de changer de vie.

BERNARD : Pourtant tu as un boulot intéressant, un bon salaire, un chouette appartement avec vue sur le bois...

PASCAL : Justement, je trouve tout ça dérisoire. Et je m'ennuie. J'ai l'intention de me rendre utile.

BERNARD : Mais qu'est-ce que tu as comme projet ?

PASCAL : J'ai pris contact avec une O.N.G. qui combat la malnutrition dans de nombreux pays et je pense mettre à sa disposition ma compétence en logistique.

BERNARD : C'est une excellente idée. Mais tu es certain que c'est une organisation sérieuse ?

PASCAL : Sans aucun doute, elle existe depuis plus de vingt ans.

BERNARD : Ils vont t'envoyer où ? Tu as une idée ? Une préférence ?

PASCAL : Non, pas vraiment. Là où on a besoin de moi, dans un pays du tiers-monde, bien sûr. Je suis prêt à aller n'importe où.

BERNARD : En tout cas, tu m'épates. Je ne savais pas que ce genre d'idées te trottait dans la tête.

PASCAL : Oh ! Ça fait longtemps que j'y réfléchis, mais je n'ai pris ma décision que la semaine dernière. Tu vois, tu n'es pas le dernier informé.

BERNARD : Tiens-moi au courant quand même de la date de ton départ, que j'organise une petite fête. Au fait, qu'est-ce que tu vas faire de ton appartement ?

PASCAL : T'inquiète pas, je t'en informerai. À bientôt, Bernard.

BERNARD : Salut !

unité 5

page 49
Phonétique

Les accents
Activité 1 (piste 24)

a. Je sais où il habite : à côté de l'hôpital, près de la forêt.

b. C'est cette maison-là, allée du Commerce, au septième étage.

c. La tirade du nez a eu un grand succès.

d. Des mûres poussent au pied des murs de toute l'île. C'est sûr.

e. Il a poussé un cri de détresse : son plat de pâtes était raté.

f. La reine Élisabeth règne en Angleterre, Philippe est le roi des Belges.

page 50
Activité 2 (piste 25)
a. Les policiers empêchent les piétons de passer mais pas les représentants de la presse.
b. Elle a rendez-vous au ministère des Affaires étrangères.
c. Révèle-nous la spécificité de la vaisselle périgourdine.
d. Tu achètes les billets pour les congés de février ?
e. Nous espérons trouver un remède efficace contre le cancer.
f. Elles récoltent des pêches régulièrement chaque semaine.

page 51
Dictée phonétique (piste 26)
a. Tandis qu'elle lavait sa veste de laine vierge, j'achetais un imperméable vert.
b. Les années se succèdent, le temps s'accélère.
c. Cet événement n'a pas été relaté fidèlement dans la presse.
d. Les ténèbres recouvrent la jetée déserte.
e. Un seul réverbère éclaire le spectacle de ce désastre.
f. Élise déteste les sports extrêmes, elle préfère les Lettres.
g. Ces collégiens regagnent leur collège à pied ou à vélo.
h. L'équipe de France de pétanque a subi une sévère défaite.

page 52
Compréhension orale (piste 27)
MARC BLOCH
Marc Bloch est l'un des grands historiens du xxᵉ siècle et sa notoriété s'est étendue bien au-delà de l'Hexagone.
D'origine juive, il est né le 6 juillet 1886 à Lyon. Son père était professeur d'histoire à l'université de Lyon, puis à la Sorbonne.
Tel père, tel fils. Après des études à Paris, Marc Bloch est reçu à l'agrégation d'histoire et géographie en 1908 puis, une bourse d'études en poche, il passe une année en Allemagne, à Berlin et à Leipzig.
Son premier livre paraît en 1913 : *L'Île-de-France (les pays autour de Paris)*.
Professeur de lycée, il est mobilisé en 1914. Il termine la Première Guerre mondiale plusieurs fois décoré et avec le grade de capitaine.
Il enseigne ensuite à la faculté de Strasbourg, où il rencontre Lucien Febvre qui devient son ami et avec lequel il fonde, en 1929, les *Annales d'histoire économique et sociale*, revue qui bouleversera la recherche historique, en s'intéressant notamment aux faits économiques et culturels.
Marc Bloch disait : « Si seules les choses du passé vous conviennent, faites donc antiquaire, mais si c'est le présent qui vous passionne vous pourrez devenir historien ».
En 1939, à 53 ans, il doit reprendre les armes durant la « drôle de guerre » et devient, selon lui, « le plus vieux capitaine de l'armée française ».
En 1943, il rejoint la Résistance, dont il sera l'un des chefs pour la région lyonnaise. Arrêté par la Gestapo et torturé, il est fusillé dix jours après le débarquement en Normandie, le 16 juin 1944.
Marc Bloch laisse de nombreux ouvrages, parmi lesquels :
Les Rois thaumaturges, en 1924.
Les Caractères originaux de l'histoire rurale française, en 1931.
Apologie pour l'histoire ou Métier d'historien, qui sera publié après sa mort, en 1949.

unité 6

page 59
Phonétique
Les sons s [s], z [z]
Activité 1 (piste 28)
a. Ça suffit ! Silence !
b. Zut, voilà ma cousine Zoé.
c. J'ai commandé une douzaine d'azalées.
d. Ces pâtisseries sont sublimes.
e. Voilà le deuxième magazine que je lis. Je m'ennuie.
f. Tu as mis combien de saucisses dans la salade ? Six ?
g. Élise a choisi un chemisier rose aux États-Unis.
h. L'addition, s'il vous plaît !
i. Elle souhaite faire carrière dans la diplomatie.

Activité 2 (piste 29)
a. Pour qui sont ces serpents qui sifflent sur nos têtes ?
b. Les amis de mes amis sont mes amis.
c. Le couscous n'est pas une spécialité suisse.
d. Zazie est grassouillette.
e. Nous faisons un stage de spéléo.
f. Ils scient les racines des érables.
g. Elle redessine aisément les costumes de *Casse-Noisette*.

h. Les élus hésitent à participer à un face à face télévisé.
i. Pousse-toi ! Laisse plus de place à Élisabeth.
j. Vous avez passé le sas de sécurité ?

page 60
Dictée phonétique (piste 30)

a. Laisse la chaise à côté du bassin.
b. Suzanne aime les petits-suisses.
c. Zut alors ! J'ai grossi de seize kilos en six mois.
d. Pose ton magazine et adosse-toi au mur, je te mesure.
e. Lorsqu'elle est morose, Rose, notre professeure, devient féroce. C'est rosse.
f. Alex sème la zizanie partout où il passe.
g. Casse six œufs pour cette recette.
h. Les oiseaux gazouillent dans les acacias.

page 62
Compréhension orale (piste 31)
INCOMPRÉHENSION

M. HERNANDEZ : Bonjour, madame Lepic. Vous partez en courses ? Hum. Vous avez l'air soucieuse. Comment ça va aujourd'hui ?
MME LEPIC : Pas bien fort, Monsieur Hernandez, je me fais du mauvais sang pour mon Charlie qui n'est pas en forme, il se traîne. Il a du mal à bouger.
M. HERNANDEZ : Oh ! Je suis navré, qu'est-ce qu'il a exactement ?
MME LEPIC : Il a des douleurs à la colonne vertébrale. Je crois que c'est congénital. Sa mère avait le même problème.
M. HERNANDEZ : Il ne souffre pas trop au moins ?
MME LEPIC : Oh, il gémit de temps en temps pour se faire plaindre. Vous savez…
M. HERNANDEZ : C'est bien triste, mais ne vous inquiétez pas, je suis sûr qu'avec un peu de repos et par un beau soleil comme il y a aujourd'hui il va se rétablir et il sera vite sur pied.
MME LEPIC : J'espère bien que vous avez raison, Monsieur Hernandez. Je ne voudrais pas le faire piquer comme mon pauvre Bobby.
M. HERNANDEZ : Vous pensez faire piquer votre mari, Madame Lepic ?
MME LEPIC : Mon mari, vous n'y pensez pas ? Qu'est-ce qui vous prend, Monsieur Hernandez ? Charlie c'est mon chien, pas mon mari.
M. HERNANDEZ : Oh ! Je suis confus, Madame Lepic. Je croyais que vous parliez de Charles.

unité 7

page 69
Phonétique
Les sons f [f], v [v], p [p], b [b]
Activité 1 (piste 32)
a. Véro est volontaire.
b. Il y a une abbaye à Besançon ?
c. Ce train a vingt wagons.
d. On se fait une bouffe ?
e. Il bosse à Bari.
f. J'ai fini les fruits confits.
g. Vous voulez un verre d'eau ?
h. Tu m'as menti. Faux frère !
i. Benjamin a prêté mon bouquin.
j. Tu as vu Victor arriver ?

Activité 2 (piste 33)
a. Basile n'est pas un homme facile.
b. Elle vend des balances à Valence.
c. Vous là-bas, venez vite !
d. C'est un prof. La preuve : il est volubile.
e. Vivement les vacances !
f. Vous vivez en ville ?
g. Je ne pense pas que Blaise me plaise.
h. C'est un philosophe viennois.
i. Le père d'Albert est veuf.
j. Vous partez ? Bon vent !

page 70
Dictée phonétique (piste 34)
a. Quelle boisson avec les poissons ? Devine !
b. Tu prends ton bain, mon lapin ?
c. Bouboule, viens vite ! Bobby a avalé la balle.
d. Bébert s'est évadé. Il a pris une pelle dans un abri et s'est fait la belle.
e. Berthe a volé ce bol en ébène à Pôle emploi.
f. Vous foulez les grains de raisin pour avoir un vin fin.
g. Il gobe enfin un bout de pain brioché.
h. Le bébé de Patrick a bavé sur les pavés.

unité 8

page 79
Phonétique
Les sons ch [ʃ], j [ʒ], s [s], z [z]
Activité 1 (piste 35)
a. Le téléphone sonne sans cesse.
b. J'ai lu *Le Rouge et le Noir*.
c. Six salades, s'il vous plaît.

d. Tu as un bouquet de treize roses pour la voisine ?
e. Ils ont des idées bizarres.
f. Chacun cherche un chat.
g. Je voudrais un joli jouet jaune.
h. Tu as caché les couches dans la chambre !

Page 80
Activité 2 (piste 36)
a. J'aime les chaumières de Gentilly.
b. Josette achète des chaussettes rouges.
c. Elle est si riche, je suis jalouse.
d. Seize chaises pour six cents Chinoises, ça ne suffit pas.
e. J'ai épousé une jeune et jolie Javanaise.
f. Nous mangeons des choux à la crème Chantilly.
g. Je cherche un gel pour les cheveux.
h. Le décollage est à seize heures précises.
i. Jérôme, c'est le chouchou du prof.
j. La plage est déserte, il fait trop chaud.

Dictée phonétique (piste 37)
a. Jean-Charles est chômeur, il cherche un poste au zoo.
b. Les masures genevoises ont des toits de chaume.
c. Les chemins sont parsemés de jasmin.
d. Janine gère un chantier à Chartres.
e. Elles aiment le léger zozotement de cette actrice.
f. En revanche, Zoé déteste le chuintement de Désirée.
g. Lucie a recousu ses seize chemises.
h. Allons dans les broussailles, c'est la saison des jonquilles !

unité 9

page 88
Phonétique

Les sons k [k], g [g], d [d], t [t]
Activité 1 (piste 38)
a. Tu es un grand garçon maintenant.
b. Il a gagné une paire de gants.
c. Quelqu'un a vu mon ticket ?
d. Sa cuisine est quelconque.
e. Je voudrais la bague grenat.
f. Ce coton, quelle qualité !

page 89
Activité 2 (piste 39)
a. Octave a menti à toute l'assistance.
b. La dame blonde n'est pas allemande, elle est danoise.

c. J'ai trouvé un travail en Italie, à Turin.
d. Ça dépend du directeur.
e. Dis donc ! Elle doit me rendre dix dollars.
f. C'est Delacroix qui a peint *Le Radeau de La Méduse* ?

Activité 3 (piste 40)
a. Qui est-ce qui a cassé ma guitare ?
b. Tu danses le tango ? C'est dingue !
c. Vendredi, tu m'as tout dit ?
d. Gabrielle a fait le tour du monde en deux cent douze jours.
e. Dis ! Tu as étudié la guerre de Troie ?
f. Ce club est totalement dément.
g. Tous les cacatoès crient dans la jungle.
h. Douai-Tunis en car, c'est la galère !
i. Grand-mère va guincher dans une guinguette.
j. D'Artagnan était un cadet de Gascogne.

Dictée phonétique (piste 41)
a. Guillaume est précoce, ce n'est plus un gamin.
b. Tais-toi ! Denis t'a dit d'écouter attentivement.
c. Dégagez le couloir ! Les délégués débarquent.
d. Les dindons se dandinent dans le jardin d'hiver.
e. T'es pas doué, tire plus fort sur la douille pour ôter l'ampoule.
f. Tu peux déguster cette mangue oblongue.
g. Le garde guette à la porte de la gare de l'Est.
h. Cette tunique de marque est trop cintrée.

page 91
Compréhension orale

LES MEILLEURS AMIS
Situation 1 (piste 42)
KEVIN : Alors qu'est-ce qui t'arrive, Pierre ? T'en fais une tête !
PIERRE : M'en parle pas, ça va pas très fort en ce moment, j'ai le cafard.
KEVIN : Tu as des problèmes avec Aurélie ? On dirait qu'elle te fait la gueule.
PIERRE : Ah tu t'en es aperçu toi aussi ? Je ne sais pas ce qu'elle a. En ce moment tout ce que je fais l'irrite, je peux dire n'importe quoi, je suis sûr qu'elle va monter sur ses grands chevaux.
KEVIN : Mais comment ça se fait qu'elle est comme ça ? Tu n'as pas fait une bêtise au moins ?
PIERRE : Mais non, tu me connais.
KEVIN : Justement !
PIERRE : Je pige pas, c'est depuis la semaine dernière. Caroline ne t'a rien dit ? Aurélie lui confie souvent ses petits secrets. C'est sa meilleure amie.
KEVIN : Non, elle m'a rien dit. Mais si tu veux, je vais lui parler.

Situation 2

CAROLINE : Salut Aurélie, comment ça va ?

AURÉLIE : Salut Caro, pas super, un peu fatiguée et toi ? Alors, quelle est la chose si importante pour laquelle tu tenais à me voir ?

CAROLINE : C'est Kevin, il voulait absolument que je te parle. Il a rencontré Pierre et il se fait du souci pour lui. Il paraît qu'il y a de l'eau dans le gaz entre vous et il ne comprend pas pourquoi. J'ai été chargée de mener une enquête discrète, mais, tu me connais, je n'ai pas de secret pour toi. Alors je te préviens. Mais tu peux quand même me dire ce qui se passe. Entre nous !

AURÉLIE : Je veux bien, mais tu me jures de ne pas le répéter, ni à Kevin, ni à Pierre ?

CAROLINE : Bien sûr, tu me prends pour qui ?

AURÉLIE : C'est la semaine dernière, on se baladait tranquilles et par hasard on rencontre une Mylène que j'étais censée avoir rencontré à Deauville l'été dernier. Bref, aucun souvenir. Et voilà mon Pierre qui fait le beau, et Mylène par ci et Mylène par là. Quand il fait ça, il m'énerve. Tu peux pas savoir. Alors le soir même j'ai eu l'idée de regarder dans son portable et figure-toi qu'il y avait le numéro de cette Mylène qu'on avait vue qu'une fois. Alors…

unité 10

page 96
Phonétique

Le son [ʀ]

Activité 1 (piste 43)

a. En Bretagne, le climat n'est pas toujours brumeux.

b. La porte claque, le parquet craque, c'est Delphine qui rentre.

c. J'ai perdu un rayon de ma roue arrière de vélo.

d. Élise sera libre ce soir ?

e. Bruno a grandi de quatre centimètres en trois mois.

f. Pour les congés de février, j'hésite entre la Grèce et la Turquie.

Activité 2 (piste 44)

a. Tu pourrais venir ?

b. Tu prendrais un dessert ?

c. Il voudrait partir après-demain.

d. Vous pourriez rester encore un peu.

e. Tu devrais entendre ce morceau.

f. Tu partirais avec moi vendredi ?

g. Vous devriez apprendre l'arabe et le roumain.

h. Vous seriez ravis par ce livre.

i. Nous pourrions rassembler nos affaires.

j. Tu aimerais raconter une histoire drôle ?

page 97
Dictée phonétique (piste 45)

a. Richard regrette que tu n'aies pas réglé le problème.

b. La frégate s'est fracassée sur les récifs.

c. Arrête de grommeler à tout propos !

d. Le crapaud ne croasse pas, c'est le corbeau ; mais la grenouille coasse.

e. Sa trop frêle barque a coulé à pic.

f. Un grain d'orge a glissé par terre.

g. Rita craint les frimas de novembre.

h. Tu la trouves fragile ? Moi, je la crois gracile.

unité 11

page 106
Phonétique (piste 46)

Méli-mélo de sons

a. J'ai vu Ferdinand à Venise vendredi.

b. *Tous à Zanzibar* est un roman de science-fiction à succès.

c. Les chaussettes de l'archiduchesse sont-elles sèches, archi-sèches ?

d. Bonjour, je cherche un enregistrement original de *La Javanaise*.

e. Un chasseur sachant chasser ne chasse jamais sans son chien.

f. Pardonnez-moi cette bévue absolument involontaire.

g. Ce navigateur a gagné une régate à Calais.

h. Hubert est sourd ? Tu es sûr ? J'en doute.

page 107
Dictée phonétique (piste 47)

a. Tu as vu ? Le caban de ce marin est marron. C'est marrant.

b. Arrête de proférer des bêtises en vain, ce ne sont que fariboles et balivernes.

c. Paul est corrompu : il a falsifié les preuves.

d. Tu me prends un flacon de shampoing au gingembre ?

e. Tu nous rejoins le vingt ou le lendemain ?

f. Cet acteur a un côté ambigu que j'abomine.

g. Je nettoie la toile cirée, si tu veux essuie-la.

h. Vous dégustez des huîtres même laiteuses ?

page 108

Compréhension orale (piste 48)

SMARTPHONE PERDU OU VOLÉ, QUE FAIRE ?

Eh oui, la perte ou le vol d'un smartphone, en fait, il faut vraiment y penser avant que cela arrive. Alors, première précaution à prendre : sauvegardez toutes vos données régulièrement (carnet d'adresses, notes, photos, etc.). Comment ? Eh bien dans le nuage, hein (iOS, Google, OneDrive, Orange, SFR, etc.).

Deuxièmement, verrouillez votre smartphone avec un code en plus du code PIN de la carte SIM. Et choisissez un code complexe, pas simplement 1234 ou 0000. Certes, ce n'est pas une protection infaillible, mais cela embêtera un voleur peu expérimenté. En revanche, un pirate bien aguerri ne fera qu'une bouchée d'un smartphone verrouillé.

Troisièmement, vérifiez bien que la géolocalisation de votre téléphone est activée. Pour cela, il faut aller dans les réglages. Et là ensuite, la procédure varie selon que vous utilisez iOS, Windows Phone ou Android.

Quatrièmement, vous pouvez, si vous êtes un peu parano, installer un logiciel de sécurité qui offre des fonctionnalités supplémentaires, par exemple Cerberus ou Lookout.

Cinquièmement enfin, notez le numéro IMEI de votre téléphone. C'est la carte d'identité de l'appareil. Cela permettra de le faire bloquer pour empêcher qu'on mette une autre carte SIM à l'intérieur. Où trouver ce numéro IMEI tant que vous avez encore le téléphone entre les mains ? Eh bien dans les réglages, dans les paramètres de l'appareil ou bien sur la boîte, tout simplement.

Alors ensuite, si le drame se produit, si l'appareil est volé ou s'il disparaît, en tout cas, que faire ?

Eh bien, premièrement, essayez de le localiser en allant sur le site correspondant à votre système (iCloud, Android Device Manager, Windows Phone). Bien sûr, pour que ça marche, il faut que l'appareil soit encore allumé et connecté à Internet (soit via la carte SIM, soit en Wifi). Et, si on arrive à le localiser, on peut le faire sonner (pratique, si vous l'avez simplement égaré), ou bien le verrouiller ou même effacer son contenu.

Deuxièmement, ensuite, contactez votre opérateur pour faire bloquer la ligne. Eh oui, c'est évident. Troisièmement, s'il s'avère qu'il est bien volé, et bien, il faut aller porter plainte au commissariat en présentant la facture et le fameux numéro IMEI. Ce qui permettra de le faire inscrire au registre des smartphones volés.

Enfin vous pourrez peut-être essayer de vous faire rembourser si vous avez souscrit une assurance qui prend en charge le vol de smartphone.

unité 12

page 112

Phonétique (piste 49)

Méli-mélo de sons

a. Sa secrétaire a trouvé des traces de rouge à lèvres sur son imper.
b. Josette porte les chaussettes de laine d'Hélène.
c. Le grand Robert dévore de gros grains de raisin.
d. Cheveux au vent, Yvonne dresse des chevaux fougueux.
e. Le relieur relie le livre que tu vas relire.
f. Richard a cessé de choyer Julie. C'est pas gentil.

page 113

Dictée phonétique (piste 50)

a. On met du tissu sur les murs du boudoir, de la toile de jute.
b. La publicité subliminale est prohibée car subversive.
c. Des plaques de mousse tachent le dallage de la cour.
d. Le fisc me réclame quatre-vingt-seize centimes. C'est mesquin.
e. La peinture de la poterne est un peu terne, non ?
f. La confiture de mûres dégouline de la tartine beurrée.
g. Tu es bien nerveux, serais-tu peureux ?
h. Ces zélotes manquent de ferveur.

CORRIGÉS

page 3
Activité 1
a. J'estime – **b.** À mon avis – **c.** Quant à moi –
d. Pour ma part – **e.** Je me doute

Activité 2
a. On dirait qu'il va neiger.
b. Il est évident qu'elle viendra.
c. Ça ne m'étonnerait pas qu'ils viennent.
d. Sauf erreur de ma part, il est élu pour cinq ans.
e. Il renoncera sûrement à sa candidature.
f. Il est clair qu'il est blessé dans son amour propre.

page 4
Activité 3
a. l'absurdité – **b.** la clarté – **c.** le délire –
d. l'évidence – **e.** la certitude – **f.** le doute –
g. l'exagération – **h.** l'invraisemblance –
i. la perplexité – **j.** la faisabilité

Activité 4
a. Je n'y crois pas. – **b.** Ce n'est pas sûr. – **c.** J'en
suis sûr. – **d.** Tu as tort. – **e.** C'est exagéré. – **f.** C'est
évident.

Activité 5
Subjonctif : **a.** – **b.** – **g.** – **h.** – **n.**
Indicatif : **c.** – **d.** – **e.** – **f.** – **i.** – **j.** – **k.** – **l.** – **m.** –
o. – **p.**

page 5
Activité 6
a. fasse – **b.** ait – **c.** connaisse – **d.** va réussir
/ réussira / réussit – **e.** finisse – **f.** ait choisi –
g. respectiez – **h.** a – **i.** puisses – **j.** soit

page 6
Activité 7
a. est – **b.** votiez – **c.** vais m'abstenir /
m'abstiendrai – **d.** ait fait – **e.** veulent – **f.** revienne
– **g.** réussisse – **h.** puisse – **i.** dise – **j.** ayez

Activité 8
a. dise – **b.** ait été – **c.** va démissionner /
démissionnera – **d.** crois – **e.** a eu – **f.** ne saches
pas – **g.** avais voté – **h.** n'a pas payé – **i.** soient –
j. ayez

page 7
Les liaisons
Activité 1
a. Ils sont hollandais mais il<u>s é</u>tudient à Lille.
b. J'ai un rendez-vous trè<u>s i</u>mportant à neu<u>f h</u>eures.
c. Elle aime le chocolat et elle en prend un carré
après chaque repas.
d. Ce soir elle préfère rester che<u>z e</u>lle après un bon
dîner.
e. Je suis vraiment heureux de faire votre
connaissance.
f. C'est le plus gran<u>d a</u>vocat de la ville. Je l'ai vu
dan<u>s u</u>ne émission à la télé.
g. N'aie pas peur. Va<u>s-y</u> !
h. Quand no<u>s i</u>nvités vont<u>-i</u>ls arriver ?
i. Les électeurs ne le trouvent pas sympathique,
mais il<u>s a</u>iment se<u>s i</u>dées.
j. Je vou<u>s e</u>n prie, asseyez-vous.

Rappelez-vous !

a. La liaison entre une consonne finale
(habituellement non prononcée) et la voyelle qui
suit est obligatoire :
• entre le déterminant (article, adjectif, pronom,
chiffre) et le nom : *nos invités*
• entre l'adjectif est le nom qui suit : *le plus
grand avocat*
• entre le pronom personnel et le verbe : *ils étudient*
• entre le verbe et le pronom : *Vas-y*
• entre les adverbes *très*, *trop* et l'adjectif :
très important
• entre la proposition monosyllabique et le pronom
ou l'article : *chez elle*

b. La liaison est impossible :
• avant ou après *et* (sauf pour les nombres) :
et elle en prend
• devant un « h » aspiré :
Ils sont hollandais.
• après le pronom personnel dans une phrase
interrogative avec inversion du sujet :
Vont-ils arriver ?

c. Les autres liaisons sont facultatives et dépendent
de l'environnement socioculturel :
vraiment heureux ou *vraimen<u>t heu</u>reux*

Activité 2

a. Dis-lui de ne pas arriver en retard, c'est trop important pour Isabelle.
b. Vos amis sont en train de téléphoner.
c. Je pars en Allemagne, je vais y retrouver une amie.
d. Dans un an, on ira en Irlande.
e. Ils aiment beaucoup les haricots, achetez-en deux kilos.
f. C'est le grand amour. Ils ne sortent pas de chez eux.
g. Aujourd'hui, il y a dix étudiants dans la classe.
h. Je vous recommande ce film. Allez-y !
i. Je suis très heureux d'avoir fait votre connaissance.
j. Je vous en veux d'être arrivé en retard à ma fête.

page 8
Le « e » élidé et les lettres finales
Activité 1

a. Elle est allée à la pharmacie acheter du sirop.
b. Cet enfant aime beaucoup ses cadeaux.
c. Pardon Monsieur, savez-vous où se trouve la grand-rue ?
d. Le train part dans quelques minutes.
e. Que puis-je faire pour vous ?
f. Est-ce que tu as vu le film *Huit femmes* ?
g. Il a pris un coup de poing sur le nez.
h. Tu devrais acheter ce sac, il est à un bon prix.
i. Généralement, les enfants aiment les bonbons.
j. Je te le dis. Tu exagères.

En général ne se prononcent pas :
• le « e » final (sauf si le mot ne comporte qu'une syllabe) : *la pharmacie / que*
• les terminaisons des verbes en « -e », « -es », « -ent » : *les enfants aiment*
• les consonnes finales « d, n, p, s, t, x, z » (sauf quelques exceptions), mais le « n » modifie la prononciation de la voyelle précédente : *grand-rue, train, sirop, minutes, part, prix nez*
• le « r » dans la syllabe finale « -er » (sauf *cher, hier, hiver, mer*) et dans *monsieur* : *acheter*
• la lettre finale des chiffres *six, huit* et *dix* devant une consonne : *huit femmes*

Activité 2

a. Je ne veux pas le voir.
b. Ouvre la fenêtre, il fait trop chaud.
c. Marche plus rapidement.
d. Que désirez-vous ?
e. Je reviens de Hongrie.
f. Je ne crois pas qu'il ait raison.

g. Je te téléphone demain.
h. Parle-moi de toi.
i. Ce bateau s'appelle le *Hollandais volant*.
j. On se voit samedi.

page 9
Dictée phonétique

a. Qu'est-ce que vous regardez ?
b. S'ils le veulent, ils peuvent me rejoindre
c. C'est gentil de venir nous accueillir.
d. Les Hongrois ont l'habitude d'aller au bain.
e. Il m'a dit d'attendre à l'hôtel de la Monnaie.
f. Puis-je vous raccompagner ?
g. Il balaie gaiement les escaliers.
h. J'aime beaucoup les halles de cette vieille ville.

Détente

a. Cette famille pauvre mais honnête vit dans une pauvre maisonnette.
b. — Tu es un des astres de ma vie. — Un désastre ?
c. Ils sont de bons étudiants ou ils ont de bons étudiants ?
d. On a rendez-vous à treize heures ou à trois heures ?
e. C'est un des espoirs de l'athlétisme français et le désespoir de ses parents.
f. Un billet pour le car de quatre heures et quart, s'il vous plaît.
g. Ce lézard aimait les arts martiaux.
h. Elle est à l'est.

page 10
Compréhension écrite

1 — À quelle occasion avez-vous décidé de faire de la politique ?
— Auriez-vous fait la même chose dans votre pays, le Mexique ?
— Quelles sont les raisons de votre engagement ?
— Que faites-vous concrètement ?
2 Parce qu'elle aime l'idée d'Europe et elle fait preuve d'esprit civique.
3 — Le Mexique est plus grand que la France.
— Il est plus difficile d'avoir une action politique au Mexique.
4 — être actif dans un parti ou une association
— s'engager pour une cause
5 a. j'adhère à l'idée — **b.** je suis intervenue — **c.** m'impliquer — **d.** concrètement

page 12
Production écrite

Production libre

page 13

Activité 1

a. Tu as acheté ce livre ? Justement j'avais envie de le lire.

b. Tu n'es pas en vacances ? Pourtant tu m'avais dit que tu partais.

c. Elle lui avait donné rendez-vous, mais ensuite elle a tout annulé.

d. Je n'en avais pas l'intention mais finalement je suis venue.

e. Il n'aime pas sa voisine, d'ailleurs il ne la salue jamais.

f. Elle croyait qu'il était timide, en fait il ne parlait pas français.

Activité 2

a. d'ailleurs
b. néanmoins / pourtant
c. pourtant
d. puis
e. en outre / par ailleurs
f. en tout cas
g. par ailleurs
h. Justement
i. soit – soit
j. quand même

page 14

Activité 3

a. la promesse
b. la révélation
c. l'appel
d. le commentaire
e. l'exagération
f. la réplique
g. la réponse
h. l'insulte
i. le bavardage
j. la médisance

Activité 4

a. annoncé
b. expliqué
c. révéler
d. avoué
e. avertis
f. bégayé
g. raconté
h. promis
i. ajouté
j. murmuré

page 15

Activité 5

a. la calomnie – **b.** le mensonge – **c.** la citation –
d. la moquerie – **e.** la plaisanterie –
f. la discussion – **g.** la prière – **h.** l'exposé –
i. la vantardise – **j.** le rappel

Activité 6

a. précisé – **b.** nie – **c.** rappeler – **d.** juré –
e. appris – **f.** bavarder – **g.** hurlé – **h.** répéter –
i. reconnu – **j.** informons

page 16

Activité 7

a. Il m'a demandé si je lui avais téléphoné le matin / ce matin-là.

b. Il m'a demandé de fermer la porte.

c. Il m'a recommandé d'arriver à huit heures précises.

d. Il m'a proposé d'aller au cinéma.

e. Il s'est exclamé que cette salle était bien décorée.

f. Il a promis que le bâtiment serait repeint quand nous reviendrions de vacances.

g. Il m'a demandé de parler plus fort.

h. Il a affirmé qu'il n'avait jamais dit ça.

i. Il a annoncé que, ce jour-là, nous allions étudier le chapitre 12.

j. Il a voulu savoir comment j'étais arrivée ici.

page 17

Activité 8

a. J'adore cette actrice.

b. Je vais me représenter aux prochaines élections.

c. Vous devriez aller voir ce concert / Allez voir ce concert.

d. Le cours sera déplacé en salle R 512.

e. Ne pose pas de questions !

f. Vous venez voir le film avec moi ?

g. Je vous certifie que ce vase est authentique.

h. Qu'est-ce que tu as vu au cinéma récemment ?

i. Nous vous recommandons d'aller voir cette pièce / Vous devriez aller voir cette pièce / Allez voir cette pièce.

j. Vous avez assisté au procès ?

page 18

Activité 9

— Est-ce que tu veux te marier avec moi ?

— Ça m'est égal, nous pourrons le faire (nous marier), si tu veux.

— Mais tu m'aimes ?

— Je te l'ai déjà dit, l'amour ne signifie rien mais je ne t'aime sans doute pas.

— Pourquoi m'épouser alors ?

— Ça n'a aucune importance et si tu le désires nous pouvons nous marier. D'ailleurs c'est toi qui le demandes et moi je me contente de dire oui.

— Tu sais, le mariage est une chose grave.

— Non.

Activité 10

a. brouhaha – vacarme
b. craquement – crépitement
c. claquement – craquement – grincement
d. clapotis – glouglou
e. aboiement – croassement – miaulement – rugissement

Activité 11

a. Au feu ! Au feu ! → appel à l'aide lors d'un incendie

b. Tu veux pas me prêter ta moto ? T'es pas cool ! → protestation contre une attitude jugée égoïste

c. C'est pas bientôt fini ce boucan ? On aimerait dormir. → protestation contre le bruit

d. T'as pas révisé pour le bac ? T'es ouf ! → étonnement devant un manque de sérieux

e. Aie ! Vous pourriez faire attention ! → protestation après avoir été bousculé

f. Arrêtez et passez-moi le ballon ! Vous ne m'avez pas entendu siffler ? → l'arbitre au cours d'un match

g. Élisa et Johnny vont divorcer ? C'est un scoop, ça ! → étonnement

h. T'inquiète pas ! Tout va bien se passer. Relax ! → pour rassurer quelqu'un

Phonétique

Les sons i [i], u [y], ou [u]

Activité 1

a. Le son [y] dans le mot : *vu*

b. Le son [i] dans le mot : *fini*

c. Le son [y] dans le mot : *pure*

d. Le son [i] dans le mot : *vie*

e. Le son [u] dans le mot : *avoue*

f. Le son [u] dans le mot : *doux*

g. Le son [y] dans le mot : *sûr*

h. Le son [u] dans le mot : *pour*

i. Le son [u] dans le mot : *sourd*

j. Le son [i] dans le mot : *pire*

Activité 2

a. C'est un résultat nul.

b. Ta chemise est super.

c. Je prends la route lundi.

d. C'est une bonne idée.

e. Tu as vu la lune rousse ?

f. Elle est bulgare ou russe.

g. Vous avez bu du café ?

h. Il n'a rien su de tout ça.

i. Il a beaucoup plu dans le sud.

j. Allume la lumière, s'il te plaît.

Phonie-graphie

Le son [i] peut s'écrire → **i** (*vivre, il, lundi, myrtilles*) – **î** (*île*) – **y** (*mystère, myrtilles*) – très rarement **ï** (*maïs*)

Le son [y] peut s'écrire → **u** (*durera, jus*) – **û** (*sûr*) – exceptionnellement **eu** (*eu*)

Le son [u] peut s'écrire → **ou** (*amour, toujours*) –

rarement **oû** (*goût*) – très exceptionnellement **oo** (*foot*) ou **ow** (*clown*)

Dictée phonétique

a. Ce film superbe m'a ému.

b. C'est un ouvrage de vulgarisation.

c. Il a deux pouces minuscules.

d. Luc vit à Tours dans une studette.

e. C'est l'hiver. Gare au rhume !

f. Gilles va cueillir des mûres le long du mur.

g. Elle va être mutée à Toulouse.

h. Cette Russe rousse est rusée.

i. Les cartes à puce sont plus sûres.

j. Loïc va faire du judo dans les Pyrénées.

Détente

a. 3 IV – **b.** 8 I – **c.** 2 II – **d.** 7 VII – **e.** 4 III – **f.** 1 VIII – **g.** 5 V – **h.** 6 VI

Compréhension orale

1 Président d'une société française en Chine

2 Raphaël

3 Depuis 10 ans

4 Pékin

5 après avoir consulté des professeurs de langues

6 dans une école d'ingénieurs

7 a. démarrer – **b.** pousser / engager - **c.** acquérir – **d.** occasion – **e.** atout

Production écrite

Production libre

unité 3

Activité 1

a. la caricature

b. le feuilleton

c. l'éditorial

d. le sommaire

e. le sondage

Activité 2

presse – lecteurs – périodiques – ventes – distribution – lectorat – gratuits – édition – papier – contenus – écrite

page 25
Activité 3
a. Inondation dans le nord du Languedoc
b. Arrestation du responsable de l'accident sur la nationale 12
c. Cambriolage au siège du journal *Le Temps*
d. Triple évasion à Fleury-Mérogis
e. Braquage d'une banque à Noisy-le-Sec
f. Enlèvement de deux journalistes dans le nord du Mali
g. Nouveau vol de *La Joconde*
h. Incendie d'une école maternelle par deux enfants de sept ans
i. Sécheresse dans la campagne bretonne

Activité 4
incendie – incident – feu – étrange – victime – flammes – secours – sinistre

page 26
Activité 5
a. car – **b.** puisque – **c.** Par manque de – **d.** En effet – **e.** vu qu'

Activité 6
a. Étant donné (cause N)
b. à tel point que (conséquence P)
c. Dès lors que (cause P)
d. trop … pour (conséquence V)
e. de crainte de (cause N)
f. Maintenant que (cause P)
g. Du moment que (cause P)
h. au point de (conséquence V)

page 27
Activité 7
a. Les enfants ont été sauvés grâce à l'intervention rapide des pompiers.
b. Le motard a été arrêté pour ne pas avoir respecté un stop.
c. La fabrication a cessé faute de matière première.
d. À force d'insister, il a obtenu une interview.
e. Le ministre a fait interdire le journal sous prétexte qu'il répand de fausses nouvelles.

page 28
Activité 8
a. 3 – **b.** 4 – **c.** 8 – **d.** 2 – **e.** 7 – **f.** 1 – **g.** 6 – **h.** 5

Activité 9
a. *Les Tournesols* ont été peints par Van Gogh.
b. Nous avons été informés par l'attaché de presse.
c. Les bonnes questions n'ont pas été posées.
d. Tous les témoins seront convoqués par la police.
e. Tous les dégâts seront remboursés par les assurances.

f. Cette villa a été vendue à la star par l'agence.
g. Cet immeuble ancien sera détruit.
h. La mendicité va être interdite dans le centre-ville.
i. Le train n'a pas pu être arrêté à temps par le conducteur.
j. La catastrophe a été évitée.

page 29
Activité 10
a. Victor Hugo a écrit *Les Misérables*.
b. Le maire inaugurera la piscine le mois prochain.
c. La pluie a retardé les travaux.
d. La mairie va construire une nouvelle bibliothèque.
e. L'État emploie les fonctionnaires.
f. Le gouvernement va interdire la publicité pour le tabac.
g. Il faut que le rédacteur en chef relise cet article.
h. On vient de réparer l'imprimante.
i. Les élèves ont décoré l'école.
j. On reporterait la réunion.

page 30
Activité 11
a. On écrit l'arabe de droite à gauche.
b. On a réglé les choses rapidement.
c. On emploie rarement ce mot.
d. On voit la tour Eiffel de loin.
e. On ne dit pas toutes les vérités.
f. On ferait cette recette facilement.
g. On parle la langue française dans plusieurs pays africains.
h. On a étendu les travaux à tout le village.
i. On a répandu la nouvelle dans toute la ville.

page 31
Phonétique

Les sons e [ə], é [e], è [ɛ]
Activité 1
a. Son e [ə] dans les mots : *je – revois – ce*
b. Son è [ɛ] dans les mots : *elle – est – infirmière*
c. Son e [e] dans les mots : *été – dîné – Angers*
d. Son e [ə] dans le mot : *revenir*
e. Son e [e] dans les mots : *téléphoné – Didier*
f. Son è [ɛ] dans les mots : *Claire – très – belle*
g. Son è [ɛ] dans les mots : *Serge – avait – frères*
h. Son e [ə] dans les mots : *je – demande – de – de – ce*
i. Son è [ɛ] dans les mots : *laisse – aide – mère*

Activité 2
a. Reviens ! Je suis désolé.
b. Elle me voit ?
c. Demande-lui !
d. Ce soir ou demain soir ?

e. Ne lui dis pas ce que tu en penses !
f. Lequel tu préfères ?
g. Ces lunettes changent votre regard.
h. Descends de la chaise, tu vas te faire mal.

page 32
Phonie-graphie

Le son [ə] peut s'écrire → **e** (*me, que*) – **ai** (*faisons*)
Le son [e] peut s'écrire → **é** (*demandé, légère*) – **er** (*payer*) – **ay** (*payer*) – selon les régions **e** (*ces*) et **ai** (*maison*)
Le son [ɛ] peut s'écrire → **è** (*légère*) – **e** (*est, verte*) – **ê** (*forêt*) – **ai** (*maison, j'ai*) – **ei** (*peine*) – **ay** (*paye*) – **ë** (*Joëlle*)

Dictée phonétique

a. Renée n'est pas prête, elle fait la sieste.
b. Cette personne qui nous précède avec des vêtements beiges est belge.
c. Cet élève est expérimenté, il relève le niveau de la classe.
d. Frédéric m'a révélé la vérité sur ce qu'il faisait.
e. C'est l'exception qui confirme la règle.

Détente

a. 10. Pluies torrentielles en Lozère
b. 2. Glissement de terrain à Montpellier
c. 7. Administration : les mesures phares du gouvernement
d. 9. Capsule spatiale : atterrissage réussi
e. 5. Football : les diables rouges face à l'Islande
f. 8. Finances : budget rejeté par le Conseil municipal
g. 4. Manifestation des employés des services publics
h. 3. Le nouveau film de Laurent Mélain demain dans les salles
i. 1. Tournage en Norvège de la nouvelle série de France 6
j. 6. Cyclones meurtriers dans le Pacifique Sud

page 34
Compréhension écrite

1 graveur-lithographe puis photographe
2 l'atmosphère urbaine – les gens ordinaires – la photo de reportage
3 a. Faux. Il réalise *Le Baiser de l'Hôtel de Ville*, rue de Rivoli, à l'aide de deux figurants.
b. Faux. La banlieue, disait-il, « c'est l'endroit où naissent de nouvelles formes d'expression ».
c. Pas indiqué dans le texte mais faux : le violoncelliste c'est Maurice Baquet.
d. Pas indiqué dans le texte mais faux.

e. Vrai. Quand Doisneau décède en 1994, il a acquis une grande notoriété.
4 image – cliché – capturer – photographier – négatif – Rolleiflex – sujet – photographe
5 a. rudiments – **b.** témoigner – **c.** notoriété
d. déambulation – **e.** cocasse – **f.** flâner

page 35
Production écrite

Production libre

unité 4

page 36
Activité 1
a. additionner
b. soustraire
c. croître
d. totaliser
e. doubler
f. différencier
g. chiffrer
h. accroître
i. comparer
j. augmenter
k. bondir
l. progresser

Activité 2
a. accroissement → **6.** hausse
b. infime → **5.** faible
c. pourcentage → **12.** taux
d. écart → **3.** différence
e. total → **11.** somme
f. toucher → **1.** concerner
g. s'élever → **8.** se monter
h. montrer → **7.** indiquer
i. essor → **2.** développement
j. chute → **10.** plongée
k. baisse → **4.** diminution
l. énorme → **9.** important

page 37
Activité 3
hébergement – refuge – villa – prestations – tourisme – tour-opérateur – location – brochure – catalogue – agences de voyages.

page 38
Activité 4
a. Tu vas en Nouvelle-Zélande ? Mais <u>c'est au bout du monde</u> !
b. Cet <u>hôtel</u> est idéal, <u>la plage est à deux pas</u>.
c. Vous comptez <u>séjourner</u> longtemps dans cette station ?
d. Arthur est un vrai <u>routard</u>, il a <u>bourlingué dans le monde entier</u>.

e. Pour notre <u>voyage de noces</u>, nous avons <u>fait le tour du monde</u>.

f. – Vous prendrez <u>la pension complète</u> ou la <u>demi-pension</u> ?
– Non, seulement le petit déjeuner.

g. Est-ce que <u>le transfert de l'aéroport à l'hôtel</u> est compris dans <u>le forfait</u> ?

h. – Je <u>voyage léger</u> : un simple <u>sac à dos</u>. Et vous ?
– Moi, j'ai cette grosse <u>valise</u> et une petite <u>mallette</u>.

i. Je préfère <u>voyager hors saison</u>, les <u>vols</u> sont moins chers.

j. L'été dernier, nous avons fait une <u>randonnée</u> d'une semaine dans les Alpes, nous dormions dans des <u>refuges</u> isolés. C'était magique !

Activité 5

a. Elle est partie vivre **à** Cuba.

b. Ils habitent **au** Caire.

c. Elle vient **du** Ghana, plus précisément **d'**Accra.

d. Tu vas **au** marché ? Tu peux acheter le journal **en / sur le** chemin ?

e. Les deux adversaires se sont retrouvés face **à** face.

f. Ils partent en croisière **vers / pour** la Grèce. Ils y arriveront dans trois jours.

g. Cette issue est fermée, passez **par** là.

h. Prenez cette rue. Vous trouverez la poste **sur / à** votre droite.

page 39
Activité 6

a. endroit
b. place.
c. quartier / coin
d. coin
e. pied
f. pas.
g. périphérie
h. sens
i. site
j. direction

Activité 7

a. la rivière – **b.** La grotte – **c.** un marais – **d.** La lave – **e.** Les fleuves – **f.** l'hémisphère – **g.** la planète bleue – **h.** le cap – **i.** le rivage – **j.** Un phare

page 40
Activité 8

Le géographe
Terre – territoires – reliefs

Le guide de montagne
rochers – glaciers – latitudes

L'océanographe
marins – océans – végétaux

Le batelier
canaux – fluvial

page 41
page 41
Phonétique

Les nasales an [ã], in [ɛ̃], on [õ]
Activité 1

a. Le son [ã] dans les mots : **en**tends – **An**dré

b. Le son [õ] dans les mots : Sim**on** – bl**on**ds

c. Le son [ã] dans les mots : m**en**s – méch**an**t

d. Le son [ɛ̃] dans les mots : sy**m**pathique – **in**dien – améric**ain** – f**aim**

e. Le son [õ] dans les mots : m**on** – **on**cle – m**on**tre

f. Le son [ã] dans les mots : ch**an**té – Fl**am**andes

g. Le son [ɛ̃] dans les mots : auc**un** – parf**um** – cor**éen**

h. Le son [õ] dans les mots : c**om**pte – b**on**

i. Le son [ã] dans les mots : c**am**pez – **en**semble

j. Le son [ɛ̃] dans les mots : sy**n**thèse – jard**in**s – itali**en**s

k. Le son [ã] dans les mots : ress**em**ble – p**aon**

page 42
Phonie-graphie

Le son [ã] peut s'écrire ➔ **an** (**An**dré, méch**an**t) – **en** (**en**tends) – **am** et **em** devant « p » ou « b » (c**am**pez, **en**semble) – très rarement **aon** (p**aon**)
Le son [ɛ̃] peut s'écrire ➔ **in** (dess**in**, jard**in**) – **un** (auc**un**) – **ain** (améric**ain**) – **ein** (pl**ein**) – très rarement **aim** (f**aim**) – **en** en fin de mot après « é » ou « i » (cor**éen**, itali**en**s) – **um** (parf**um**) – **yn** (s**yn**thèse) – **ym** devant « p » ou « b » (s**ym**pathique)
Le son [õ] peut s'écrire ➔ **on** (**on**cle, m**on**tre, b**on**) – **om** devant « p » ou « b » (c**om**pte)

Dictée phonétique

a. Il aime aller aux champs, il a du sang paysan.

b. Jouant à fond, la fanfare flamande fend la foule.

c. Ce Mongol a un accent fascinant quand il chante en hongrois.

d. Tu es malin, on arrive enfin au bout du chemin.

e. Un vent violent s'engouffre entre les pins, la tempête commence.

f. C'est la fin de la fête, éteins ces lumignons !

g. J'admire ce mannequin, surtout son teint et le timbre de sa voix.

h. Ne feinte pas, fonce droit au but.

page 43
Détente

1. III. le beffroi d'Arras – **a.** Nord-Pas-de-Calais – **g.** les gaufres

2. IV. la place Stanislas – **d.** Lorraine – **k.** la quiche

3. II. les falaises d'Étretat – **b.** Normandie – **l.** la sole

4. I. les menhirs de Carnac – **e.** Bretagne – **h.** les crêpes

5. VI. le viaduc de Millau – **c.** Midi-Pyrénées – **j.** le cassoulet

6. V. le mont Blanc – **f.** Rhône-Alpes – **i.** les quenelles

page 44

Compréhension orale

1 amicales

2 Son projet est de quitter la France.

3 Il travaille dans la logistique.

4 Il compte quitter la France pour travailler avec une ONG qui combat la malnutrition.

5 par ennui

6 inquiétude – incompréhension – surprise – intérêt – approbation

7 a. « ce petit train-train quotidien »

b. « quelle concierge celle-là ! »

c. « ne lui en veux pas »

d. « tu avais mauvaise mine »

e. « la semaine dernière »

f. « chouette »

g. « dérisoire »

h. « qui combat »

i. « tu m'épates »

j. « tiens-moi au courant »

page 45

Production écrite

Production libre

unité 5

page 46
Activité 1

a. royal
b. révolutionnaire
c. dictatorial
d. impérial
e. féodal
f. pharaonique
g. princier
h. nobiliaire/noble
i. tyrannique
j. chevaleresque

Activité 2

a. trône
b. Lumières
c. chevalerie
d. gallo-romains
e. XIXᵉ / Première
f. Doc
g La Renaissance
h. servant
i. petite
j. de bronze

page 47
Activité 3

a. lors de
b. depuis
c. en
d. au cours de
e. Depuis que
f. il y a
g. pour – Ø
h. dans
i. Dès que / Depuis que
j. Après que

Activité 4

a. de nouveau
b. pour l'instant
c. ces jours-ci
d. à ce moment-là
e. finalement
f. à la fin
g. un moment
h. de nouveau
i. temporaire

page 48
Activité 5

a. Elle est née en Bourgogne.

b. Il les a menés auprès du roi.

c. Ils ont été de grands historiens.

d. Ils ont vécu heureux et ont eu beaucoup d'enfants.

e. Ils l'ont vue à la conférence mais ne l'ont pas reconnue.

f. Elle s'est fait construire une réplique du Petit Trianon.

g. Elles sont devenues célèbres.

h. Ils se sont enfuis par la fenêtre du château.

i. Il l'a prise par la main.

j. Ils se sont plu immédiatement.

page 49
Activité 6

avait – palpitaient – descendaient – semblaient – se répandait – était – se découpait – gardait – fit – se planta – affectait – n'avait vu – traversait – considérait – étaient – souhaitait – avait portées – fréquentait.

Phonétique

Les accents
Activité 1

1. → L'accent aigu existe seulement sur le « e ».

→ L'accent grave existe sur le « e ». On le trouve plus rarement sur le « u » (*où*) et le « a » (*là, voilà, déjà, à*).

2. → L'accent circonflexe existe sur « a », « e », « i », « o », « u ».

– Il remplace une lettre disparue, le plus souvent un « s » (*hôpital…*).

– Il permet de distinguer des mots qui ont un sens différent (*sûr, dû, mûr*).

→ Le « è » peut se trouver devant une consonne suivie d'un « e » muet (*septième*) ou à la fin d'un mot suivi d'un « s » (*succès*).

3. Il n'y a jamais d'accent :

– devant « x »

– devant une consonne doublée (*détresse*)

– devant une consonne finale (*nez, pied*), exceptions : « -êt » (*forêt*), « -és » et « -ès » (*succès*).

– devant deux consonnes (*commerce*) ; exceptions quand le « e » est suivi d'une consonne + « r » (*détresse*), d'une consonne + « l », d'une consonne + « h » ou de « gn » (*règne*).

4. → L'accent circonflexe modifie la prononciation du « o » et quelquefois du « a » (*diplôme, pâle*). Les accents aigu et grave modifient la prononciation du « e ».

Activité 2
a. Les policiers empêchent les piétons de passer mais pas les représentants de la presse.
b. Elle a rendez-vous au ministère des Affaires étrangères.
c. Révèle-nous la spécificité de la vaisselle périgourdine.
d. Tu achètes les billets pour les congés de février ?
e. Nous espérons trouver un remède efficace contre le cancer.
f. Elles récoltent des pêches régulièrement chaque semaine.

page 51
Dictée phonétique

a. Tandis qu'elle lavait sa veste de laine vierge, j'achetais un imperméable vert.
b. Les années se succèdent, le temps s'accélère.
c. Cet événement n'a pas été relaté fidèlement dans la presse.
d. Les ténèbres recouvrent la jetée déserte.
e. Un seul réverbère éclaire le spectacle de ce désastre.
f. Élise déteste les sports extrêmes, elle préfère les Lettres.
g. Ces collégiens regagnent leur collège à pied ou à vélo.
h. L'équipe de France de pétanque a subi une sévère défaite.

Détente

A	S	D	S	B	L	O	I	S	C	V	G	I	J	Y
W	Z	V	F	G	Y	H	I	N	P	A	D	V	E	B
D	G	A	M	B	O	I	S	E	U	L	X	I	R	E
I	B	G	Y	N	F	Y	Y	F	R	E	R	L	Y	A
O	L	V	S	L	D	R	B	I	N	T	L	O	U	
D	A	T	D	Q	E	Q	A	J	U	Ç	Y	A	E	R
N	N	U	C	W	A	R	E	Y	T	A	U	N	R	E
V	G	P	Y	I	P	Q	I	E	O	Y	U	D	Y	G
X	E	C	H	W	Z	Z	U	D	R	U	I	R	E	A
L	A	M	H	F	C	H	E	V	E	R	N	Y	R	R
Y	I	D	G	A	Y	E	R	T	R	A	Q	O	T	D
G	S	W	C	X	M	A	N	E	U	T	U	Q	G	A
H	C	X	B	V	C	B	Z	I	E	Y	P	X	F	U
A	V	T	C	H	E	N	O	N	C	E	A	U	V	S
T	B	Y	U	G	D	A	F	R	I	Q	Q	D	S	S
S	C	H	I	N	O	N	I	P	D	U	G	F	A	É

Compréhension orale

1 un exposé
2 un historien
un résistant
3 1886
4 Les *Annales d'histoire économique et sociale*
5 À Lyon
6 a. Faux C'était un novateur.
b. Faux. Il était capitaine.
c. Faux. Il était à Lyon.
d. Vrai. Le 16 juin 1944.
7 a. prendre les armes
b. notoriété
c. fonder
d. l'Hexagone
e. bouleverser
f. Tel père tel fils

page 53
Production écrite

Production libre

unité 6

page 54
Activité 1
a. ausculter
b. diagnostiquer
c. guérir
d. prescrire
e. (se) soigner
f. bander
g. (se) blesser
h. (se) brûler
i. cicatriser
j. digérer
k. irriter
l. saigner
m. souffrir
n. vacciner
o. consulter
p. dépister
q. infecter
r. greffer
s. hospitaliser
t. transfuser

Activité 2
épidémies – virus – contagieuse – fièvre – fatigue – douleurs – tête – toux – repos – antibiotiques – homéopathiques

page 55
Activité 3
a. Il est chauve → le crâne / le cuir chevelu
b. Elle a le teint mat → la peau
c. Il est poilu → le torse / les bras / les jambes
d. Elle est poivre et sel → les cheveux
e. Il a une petite brioche → le ventre
f. J'ai mal au crâne → la tête

g. Oh les beaux petits petons ! → les pieds
h. J'ai mal au bide → l'estomac
i. Il porte le bouc → le menton
j. Elle a des caries → les dents
k. J'ai la migraine → la tête
l. Il est myope → les yeux

Activité 4
taille – poids – élancé(e) – obèse – rond(e) – svelte – maigre

page 56
Activité 5
Propositions de réponses :
a. Comme elle a des problèmes respiratoires, elle a arrêté de fumer.
b. Il a appelé SOS médecins parce qu'il se sentait mal.
c. À cause de ses gargouillements d'estomac, elle a dû stopper sa consommation de chocolat.
d. Il s'est fait mal au dos car il a chuté dans l'escalier.
e. Il a appelé l'ambulance et gardé son calme.
f. Alors qu'il l'auscultait, le médecin a diagnostiqué une bronchite chez ce patient.
g. Comme il n'a pas eu le temps de déjeuner, il a l'estomac dans les talons.
h. En raison de son manque de sommeil et d'énergie, elle a commencé une cure de vitamines.
i. et **j.** : *réponses libres*

page 57
Activité 6
a. Ils ont été retrouvés tremblant de froid.
b. Méfiez-vous des gens changeant souvent d'avis.
c. À cause de la fièvre, son front était brûlant.
d. C'est un patient exigeant.
e. Elle étudie seule, ne communiquant avec personne.
f. Une indemnité équivalant à trois mois de salaire lui sera versée.
g. Dans cet hôpital, vous avez du personnel travaillant avec enthousiasme.
h. L'année précédant son divorce, elle était malade.

Activité 7
a. vu : avec le verbe *avoir*, pas d'accord (COD placé après)
b. passés : avec le verbe *avoir*, accord avec le COD *examens* placé avant
c. réveillée : pronominal avec le verbe *être*, accord avec **s'** qui est COD
d. – rencontrés : pronominal avec le verbe *être*, accord avec **se** qui est COD
– écrit : pronominal avec le verbe *être*, pas d'accord (**se** n'est pas COD)

e. souvenus : verbe toujours pronominal, accord systématique avec le sujet
f. fait : *fait* + infinitif, pas d'accord
g. fait : avec le verbe *avoir*, pas d'accord (en n'est pas COD)
h. – rentrée : verbe *être*, le participe passé s'accorde avec le sujet
– procurés : avec le verbe *être* (pronominal), accord avec le COD *médicaments* placé avant

page 58
Activité 8
a. Ils nous ont envoyé un courriel.
b. Vous n'avez pas trouvé votre écharpe ? Je l'avais pos**e** sur le bureau.
c. Les documents qu'il m'a donné**s** sont inutiles.
d. Les années se sont enfui**es**, laissant des rides sur son front.
e. Elle ne nous a pas écrit depuis son opération.
f. Elle s'est cassé la jambe en faisant du ski.
g. Les deux collègues se sont croisé**s** mais ils ne se sont pas parlé.
h. Les patients sont très nombreux. Hier j'en ai vu une trentaine.
i. Vous avez vu la villa qu'ils se sont fait construire ?

Phonétique

page 59
Les sons s [s], z [z]
Activité 1
a. Le son [s] dans les mots : *ça, suffit, silence*
b. Le son [z] dans les mots : *zut, cousine, Zoé*
c. Le son [z] dans les mots : *douzaine, azalées*
d. Le son [s] dans les mots : *ces, pâtisseries, sont, sublimes*
e. Le son [z] dans les mots : *deuxième, magazine*
f. Le son [s] dans les mots : *saucisses, salade, six*
g. Le son [z] dans les mots :*Élise, choisi, chemisier rose, aux États-Unis*
h. Le son [s] dans les mots : *L'addition, s'il*
i. Le son [s] dans les mots : *souhaite, diplomatie*

page 60
Phonie-graphie

Le son [s] peut s'écrire **s** (*suffit*…) – **ss** entre deux voyelles (*pâtisseries*) – **c** devant « e », « i » ou « y » – **ç** devant « a », « o », « u » (*ça*) – **t** (*addition, diplomatie*) –très rarement **x** (*six*).
Le son [z] peut s'écrire **z** (*zoo*…) – **s** entre deux voyelles (*rose*) ou dans le cas d'une liaison (*nous allons*) –très rarement **x** (*deuxième*) ou dans le cas d'une liaison (*aux États-Unis*).

a. Laisse la chaise à côté du bassin.
b. Suzanne aime les petits-suisses.
c. Zut alors ! J'ai grossi de seize kilos en six mois.
d. Pose ton magazine et adosse-toi au mur, je te mesure.
e. Lorsqu'elle est morose, Rose, notre professeure, devient féroce. C'est rosse.
f. Alex sème la zizanie partout où il passe.
g. Casse six œufs pour cette recette.
h. Les oiseaux gazouillent dans les acacias.

page 61

Détente

a. un problème de surpoids → **9.** Le médecin nutritionniste
b. une baisse de la vision → **15.** L'ophtalmologiste
c. des problèmes urinaires → **11.** L'urologue
d. une maladie des poumons → **2.** Le pneumologue
e. des crises d'angoisse → **14.** Le psychiatre
f. des problèmes hormonaux → **5.** L'endocrinologue
g. une maladie infantile → **7.** Le pédiatre
h. de l'acné → **1.** Le dermatologue
i. des problèmes articulatoires → **16.** Le rhumatologue
j. les jambes lourdes → **10.** Le phlébologue
k. une allergie à la poussière → **8.** L'allergologue
l. des problèmes de reins → **12.** Le néphrologue
m. une carie → **6.** Le dentiste
n. des troubles de la mémoire → **13.** Le neurologue
o. des problèmes auditifs → **17.** L'oto-rhino-laryngologiste
p. des douleurs d'estomac → **3.** Le gastro-entérologue
q. le cœur fragile → **4.** Le cardiologue

page 62

Compréhension orale

1 a. voisins
b. Ce sont Mme Lepic et M. Hernandez.
2 M. Hernandez a cru que Mme Lepic parlait de son mari Charles, alors qu'elle parlait de son chien Charlie.
3 préoccupée (« Vous avez l'air soucieuse » / « Je me fais du mauvais sang »).
4 Charlie a des problèmes de dos. Il a des douleurs à la colonne vertébrale.
5 Il n'est pas en forme, il se traîne. Il a du mal à bouger. Il a des douleurs à la colonne vertébrale.
6 À la fin du dialogue, M. Hernandez est gêné (« Je suis confus »).
7 a. navré – **b.** être soucieux *et* se faire du mauvais sang – **c.** se rétablir – **d.** gémir

page 63

Production écrite

Production libre

unité 7

page 64
Activité 1
neige – tempêtes – temps – pluie – doux – températures
Prévisions pour le week-end du 30 novembre
couvert – pluvieux – vent – baisse – ensoleillée – éclaircies – brouillard

Activité 2
pétrolier – côte – pétrole – marée noire – protection – fuites – profondeur – plongée – profonde – sablonneux

page 65
Activité 3
a. abandonner
b. disparaître
c. emballer
d. épuiser
e. gaspiller
f. nuire
g. polluer
h. produire
i. protéger
j. trier

page 66
Activité 4
a. un cerf – une biche – un faon
b. un canard – une cane – un caneton
c. un jars – une oie – un oison
d. un coq – une poule – un poussin
e. un cheval – une jument – un poulain
f. un loup – une louve – un louveteau
g. un bouc – une chèvre – un chevreau
h. un cochon – une truie – un porcelet
i. un mouton – une brebis – un agneau
j. un chien – une chienne – un chiot

Activité 5
a. le chat miaule
b. l'oiseau gazouille
c. l'ours grogne
d. le coq chante
e. la grenouille coasse
f. le lapin clapit
g. le canard caquette
h. le chien aboie
i. la vache beugle
j. le perroquet parle

page 67
Activité 6
a. heureux comme un poisson dans l'eau – **b.** rouge comme un homard – **c.** jaloux comme un tigre – **d.** fidèle comme un chien – **e.** rusé comme un renard – **f.** serrés comme des sardines – **g.** malin

comme un singe – **h.** connu comme le loup blanc –
i. sale comme un cochon – **j.** frisé comme un mouton

Activité 7

a. Non, je ne vais pas la lui annoncer.
b. Oui, il y tient.
c. Non, je n'en ai pas entendu parler.
d. Oui, je le leur ai dit.
e. Non, je ne le sais pas.
f. Oui, je m'en souviens.
g. Non, ça ne me fait pas peur.
h. Oui, elle lui ressemble.
i. Non, je ne leur ai pas téléphoné.

page 68
Activité 8

a. Je ne crois pas, il parle rarement d'eux.
b. Oui, nous y avons réfléchi.
c. Oui, elle en vient à l'instant.
d. Oui, il en a deux ou trois.
e. Il lui a donné un nom très explicite : *Sauver la Terre*
f. Oui, je te le permets.
g. Oui, elle a toujours besoin d'eux.
h. Oui, j'aime en faire.

page 69
Phonétique

Les sons f [f], v [v], p [p], b [b]
Activité 1

a. Le son [v] dans les mots : **V**éro, **v**olontaire
b. Le son [b] dans les mots : a**bb**aye, **B**esançon
c. Le son [v] dans les mots : **v**ingt, **w**agons
d. Le son [f] dans les mots : **f**ait, bou**ff**e
e. Le son [b] dans les mots : **b**osse, **B**ari, **b**ouffe
f. Le son [f] dans les mots : **f**ini, **f**ruits, con**f**its
g. Le son [v] dans les mots : **v**ous, **v**oulez, **v**erre
h. Le son [f] dans les mots : **f**aux, **f**rère
i. Le son [b] dans les mots : **B**enjamin, **b**ouquin
j. Le son [v] dans les mots : **v**u, **V**ictor, arri**v**er

page 70
Dictée phonétique

a. Quelle boisson avec les poissons ? Devine !
b. Tu prends ton bain, mon lapin ?
c. Bouboule, viens vite ! Bobby a avalé la balle.
d. Bébert s'est évadé. Il a pris une pelle dans un abri et s'est fait la belle.
e. Berthe a volé ce bol en ébène à Pôle emploi.
f. Vous foulez les grains de raisin pour avoir un vin fin.
g. Il gobe enfin un bout de pain brioché.
h. Le bébé de Patrick a bavé sur les pavés.

Détente

a. 4 – **b.** 1 – **c.** Ø – **d.** 6 – **e.** Ø – **f.** 5 – **g.** 3 – **h.** 2 – **i.** Ø

page 72
Compréhension écrite

1 Il y a 3 personnages.
2 Germain, une jeune fille et un enfant (Petit Pierre, le fils de Germain)
3 un cheval (une jument)
4 Après le coucher du soleil, à la tombée de la nuit.
5 Ils se sont égarés.
6 hostile – humide – obscure – périlleuse
7 brande – bois – clairière – vase – prairie – lande – fondrière – arbre – branche
8 brouillard – flaque – vapeur – rivière – pluie – eau neige
9 a. clairière – **b.** s'épaissir – **c.** lande – **d.** prairie – **e.** affreux

page 73
Production écrite

Production libre

unité 8

page 74
Activité 1

a. le dessinateur / la dessinatrice – un dessin
b. le / la peintre – une peinture
c. le collectionneur / la collectionneuse – une collection
d. le graveur / la graveuse (rare) – une gravure
e. le / la photographe – une photographie
f. le / la caricaturiste – une caricature
g. l'encadreur – un cadre
h. le / la modèle – une pose
i. le sculpteur / la sculptrice – une sculpture
j. le dessinateur / le peintre – une esquisse

Activité 2

a. artiste
b. sculpture
c. chevalets – toiles – pinceaux
d. chef-d'œuvre
e. maîtrise
f. art moderne
g. abstrait
h. nuances
i. natures mortes
j. crayon

page 75
Activité 3
beau : **a.** à **j.**
mignon : **b.** – **c.** – **d.** – **f.** – (**g.**)
joli : **b.** – **d.** – **f.**

On peut utiliser l'adjectif *beau* ou *belle* pour tout, mais spécialement pour des choses plus grandes (ou importantes), pour les hommes et les personnes dans la plénitude de l'âge.

On aurait tendance à dire *joli* ou, à plus forte raison, *mignon*, pour les petites choses, les personnes jeunes ou un peu moins belles (mais on ne dirait pas qu'un homme est joli ou mignon). Éventuellement, vous pouvez dire que vous trouvez mignon le moniteur de sport, mais vous serez peut-être un peu ironique.

Activité 4
a. affreux – horrible
b. étrange – drôle
c. laid – moche
d. chouette – pas mal
e. génial – super
f. moyen – pas terrible

page 76
Activité 5
a. un wok
b. la casserole
c. un autocuiseur
d. la poêle
e. la cocotte
f. barbecue
g. louche
h. chinois
i. planche à découper
j. micro-ondes
k. passoire
l. spatule

Activité 6
a. une bouilloire
b. une centrifugeuse / l'extracteur de jus *(m.)*
c. un grille-pain
d. un hachoir
e. un mixeur / un robot
f. un batteur

page 77
Activité 7
quinze minutes – deux heures – un kilo(gramme) – un cube – une petite boîte – un petit pot – un demi – vingt grammes – vingt-cinq centilitres – deux cuillères à soupe —— deux verres – deux cuillères à café

page 78
Activité 8
a. une tonne → **8.** 1 000 kilos –
b. une livre → **3.** 500 grammes –
c. une heure → **4.** 3 600 secondes – **d.** une minute → **9.** 60 secondes – **e.** un quintal → **6.** 100 kilos – **f.** un hectare → **7.** 10 000 mètres carrés – **g.** une demi-livre → **10.** 250 grammes – **h.** une moitié → **1.** 1/2 – **i.** un tiers → **2.** 1/3 – **j.** un quart → **5.** 1/4

Activité 9
a. lequel
b. où
c. qu'
d. ce qui
e. qui / lequel
f. ce dont
g. ce qui
h. dont
i. Ce que
j. auquel
k. laquelle
l. ce qui

page 79
Activité 10
a. dont – que
b. dont / parmi lesquels
c. de laquelle
d. sur laquelle / qui
e. duquel / de qui
f. dans laquelle / où
g. dont
h. que – sur laquelle

Phonétique

Les sons ch [ʃ], j [ʒ], s [s], z [z]
Activité 1
a. Le son [s] dans les mots : **s**onne, **s**ans, ce**ss**e
b. Le son [ʒ] dans les mots : **j**'ai, rou**g**e
c. Le son [s] dans les mots : **s**ix, **s**alade**s**, **s**'il
d. Le son [z] dans les mots : trei**z**e, ro**s**es, voi**s**ine
e. Le son [z] dans les mots : Il**s** ont de**s** idées bi**z**arres.
f. Le son [ʃ] dans les mots : **ch**acun, **ch**erche, **ch**at
g. Le son [ʒ] dans les mots : **j**e, **j**oli, **j**ouet, **j**aune
h. Le son [ʃ] dans les mots : ca**ch**é, cou**ch**es, **ch**ambre

page 80
Dictée phonétique
a. Jean-Charles est chômeur, il cherche un poste au zoo.
b. Les masures genevoises ont des toits de chaume.
c. Les chemins sont parsemés de jasmin.
d. Janine gère un chantier à Chartres.
e. Elles aiment le léger zozotement de cette actrice.
f. En revanche, Zoé déteste le chuintement de Désirée.
g. Lucie a recousu ses seize chemises.
h. Allons dans les broussailles, c'est la saison des jonquilles !

page 81
Détente
Activité 1
a. la blanquette → **9.** le veau
b. la brandade → **5.** la morue
c. le cassoulet → **4.** les haricots secs
d. la choucroute → **1.** le chou
e. le couscous → **8.** la semoule
f. la fondue → **3.** le fromage
g. la poutine → **2.** les frites
h. la pissaladière → **6.** les oignons
i. la potée auvergnate → **1.** le chou
j. le waterzooï → **7.** le poulet

Activité 2

a. *La Joconde* – **7.** Musée du Louvre – **II.** Léonard de Vinci
b. *Le Déjeuner sur l'herbe* – **5.** Musée d'Orsay – **IV.** Édouard Manet
c. *Guernica* – **3.** Musée national centre d'art Reina Sofía (Madrid) – **I.** Pablo Picasso
d. *Soupe Campbell* – **6.** Museum of Modern Art (New York) – **VI.** Andy Warhol
e. *La Pietà* – **1.** Le Vatican – **III.** Michel-Ange
f. *La Ronde de nuit* – **4.** Rijksmuseum (Amsterdam) – **V.** Rembrandt
g. *Les Nymphéas* – **2.** Musée de l'Orangerie – **VII.** Claude Monet

page 82
Compréhension écrite

1 une critique
2 À l'occasion de la sortie du nouvel album *Eve* d'Angélique Kidjo.
3 digne – élégante – résistante – forte
4 a. Vrai. « sans relâche » (ligne 4) – « époustouflant d'énergie » (ligne 11)
b. Fausse. Elle est béninoise. (ligne 4)
c. Vrai. « ambassadrice de l'Unicef » – « engagée aux côtés d'Oxfam » (ligne 5)
d. Faux. « [Elle] rend hommage à ces femmes trop souvent réduites au statut de victimes. » (ligne 16)
e. Faux. « Elle court, elle court » (ligne 1)
5 a. sans relâche – **b.** brio – **c.** époustouflant – **d.** convié – **e.** croise – **f.** au gré

page 84
Production écrite

Production libre

unité 9

page 85
Activité 1

marteau – pinceau – entretien – appareils – machine à laver – perceuse – bricolage – peinture – câbles – fixer

Activité 2

a. la gêne
b. la peur
c. la surprise
d. l'amour
e. la colère
f. la colère
g. la tristesse
h. l'inquiétude
i. la joie
j. la peur
k. l'énervement
l. la jalousie
m. l'orgueil

page 86
Activité 3

a. infidèle
b. irrespectueux
c. malhonnête
d. détendu
e. attentif
f. égoïste
g. triste
h. paniqué
i. serein
j. amical

Activité 4

a. reconnaissant
b. moral
c. phobie
d. souci
e. confiance
f. panique
g. remords
h. trac
i. anxiété
j. contrarié

page 87
Activité 5

a. Elle a parlé **sérieusement** de la situation.
b. Il a contacté **secrètement** la presse.
c. Je ne l'ai pas vu **récemment**.
d. Il n'a pas (**entièrement**) fini le livre (**entièrement**).
e. C'est **exactement** le contraire.
f. Elle ne lit pas **couramment** l'arabe.
g. C'est une personne **absolument** charmante.
h. Léa est **franchement** aussi élégante en robe du soir qu'en jeans.

Activité 6

a. Ne l'écoute pas ! Il essaye **surtout** de t'impressionner.
b. On peut **facilement** revendre un studio à Paris.
c. Il a **vite** écrit un livre sur son expérience.
d. Hervé et Vérane se sont-ils **bien** mariés ?
e. Cette édition numérotée de poèmes d'amour coûte **très** cher.
f. Bob a **sans doute** gagné le cœur de Sandra.
g. Il a peur que l'entretien de ce château soit **probablement** très cher.
h. Les performances se jugent **seulement** aux résultats.

page 88
Phonétique

Les sons k [k], g [g], d [d], t [t]
Activité 1

a. Le son [g] dans les mots : *grand, garçon*
b. Le son [g] dans les mots : *gagné, gants*
c. Le son [k] dans les mots : *quelqu'un, ticket*
d. Le son [k] dans les mots : *cuisine, quelconque*
e. Le son [g] dans les mots : *bague, grenat*
f. Le son [k] dans les mots : *coton, quelle, qualité*

page 89
Activité 2

a. Le son [t] dans les mots : *Octave, menti, toute, assistance*

b. Le son [d] dans les mots : **d**ame, blon**d**e, alleman**d**e, **d**anoise

c. Le son [t] dans les mots : **t**rouvé, **t**ravail, I**t**alie, **T**urin

d. Le son [d] dans les mots : **d**épend, **d**u, **d**irecteur

e. Le son [d] dans les mots : **d**is, **d**onc, **d**oit, ren**d**re, **d**ix, **d**ollars

f. Le son [d] dans les mots : **D**elacroix, ra**d**eau, **d**e, mé**d**use

Dictée phonétique

a. Guillaume est précoce, ce n'est plus un gamin.
b. Tais-toi ! Denis t'a dit d'écouter attentivement.
c. Dégagez le couloir ! Les délégués débarquent.
d. Les dindons se dandinent dans le jardin d'hiver.
e. T'es pas doué, tire plus fort sur la douille pour ôter l'ampoule.
f. Tu peux déguster cette mangue oblongue.
g. Le garde guette à la porte de la gare de l'Est.
h. Cette tunique de marque est trop cintrée.

page 90
Détente

a. Faux. On ne fait pas de révérence.
b. Vrai.
c. Vrai.
d. Vrai.
e. Faux. Quatre fois au maximum.
f. Faux. Ils se serrent la main.
g. Vrai.
h. Faux. Ces codes sont réservés aux jeunes.
i. Faux. On serre la main de son patron et on peut faire la bise à certains collègues.
j. Faux. On se fait la bise.

page 91
Compréhension orale

1 Ils s'appellent Pierre, Kévin, Aurélie et Caroline
2 Pierre et Aurélie ; Kévin et Caroline
3 a. la colère → « monter sur ses grands chevaux »
b. la tristesse → « j'ai le cafard »
c. la curiosité → « Mais comment ça se fait qu'elle est comme ça ? »
« Caroline ne t'a rien dit ? Aurélie lui confie souvent ses petits secrets. »
d. la jalousie → « Et voilà mon Pierre qui fait le beau, et Mylène par ci et Mylène par là. »
« Alors le soir-même j'ai eu l'idée de regarder dans son portable et figure-toi qu'il y avait le numéro de cette Mylène qu'on avait vue qu'une fois. »
e. l'énervement → « Quand il fait ça, il m'énerve. »

4 a. avoir le cafard – **b.** monter sur ses grands chevaux – **c.** faire la gueule – **d.** piger – **e.** de l'eau dans le gaz – **f.** irriter

page 92
Production écrite

Production libre

unité 10

page 93
Activité 1

a. décrocher → **2.** un emploi
b. donner → **1.** sa démission
c. effectuer → **7.** un stage
d. gagner → **8.** sa vie
e. mettre → **5.** à la porte
f. se mettre → **3.** en grève
g. prendre → **6.** sa retraite
h. travailler → **4.** au noir

Activité 2

a. apprentissage ≈ **i.** formation
b. arrêt de travail ≈ **j.** grève
c. bosser ≈ **q.** travailler
d. boulot ≈ **f.** emploi ≈ **k.** job ≈ **p.** travail
e. embaucher ≈ **h.** engager ≈ **o.** recruter
g. employeur ≈ **m.** patron ≈ **n.** PDG
l. licencier ≈ **r.** virer

page 94
Activité 3
Réponse libre

Activité 4

a. Il est têtu comme *une mule.*
b. Elle est haute comme *trois pommes.*
c. Il est sage comme *une image.*
d. Elle est jolie comme *un cœur.*
e. Il a les cheveux blonds comme *les blés.*
f. Elle pleure comme *une madeleine.*
g. Il tremble comme *une feuille.*
h. Il est léger comme *une plume.*
i. Elle est gaie comme *un pinson.*
j. Ils se ressemblent comme *deux gouttes d'eau.*
k. Nous sommes serrés comme *des sardines.*
l. Il est sourd comme *un pot.*
m. Elle est excitée comme *une puce.*

page 95
Activité 5

a. à condition qu'
b. En cas de
c. si
d. À moins de

e. Au cas où
f. Avec
g. À supposer qu'
h. Sans

Activité 6
a. acceptiez
b. ne seriez pas
c. perdraient
d. j'avais fini
e. aurait
f. ne travaillais pas
g. dites
h. aurais rencontré
i. aurais prévenu

page 96
page 96

Phonétique

Le son r [R]
Activité 1
a. Le son [R] dans les mots : *Bretagne, toujours, brumeux*
b. Le son [R] dans les mots : *porte, parquet, craque, rentre*
c. Le son [R] dans les mots : *perdu, rayon, roue, arrière*
d. Le son [R] dans les mots : *sera, libre, soir*
e. Le son [R] dans les mots : *Bruno, grandi, quatre, centimètres, trois*
f. Le son [R] dans les mots : *pour, février, entre, Turquie*

Activité 2
a. Tu pourrais venir.
b. Tu prendrais un dessert ?
c. Il voudrait partir après-demain.
d. Vous pourriez rester encore un peu.
e. Tu devrais entendre ce morceau.
f. Tu partirais avec moi vendredi ?
g. Vous devriez apprendre l'arabe et le roumain.
h. Vous seriez ravis par ce livre.
i. Nous pourrions rassembler nos affaires.
j. Tu aimerais raconter une histoire drôle ?

page 97

Dictée phonétique

a. Richard regrette que tu n'aies pas réglé le problème.
b. La frégate s'est fracassée sur les récifs.
c. Arrête de grommeler à tout propos !
d. Le crapaud ne croasse pas, c'est le corbeau ; mais la grenouille coasse.
e. Sa trop frêle barque a coulé à pic.
f. Un grain d'orge a glissé par terre.
g. Rita craint les frimas de novembre.
h. Tu la trouves fragile ? Moi, je la crois gracile.

page 98

Détente

a. un dictionnaire → **5.** le traducteur
b. un rabot → **14.** le menuisier
c. une truelle → **15.** le maçon
d. un tableau → **7.** l'enseignant
e. un stéthoscope → **12.** le médecin
f. un chinois → **1.** le cuisinier
g. des ciseaux à bois → **8.** le luthier
h. du fil → **10.** le couturier
i. une seringue → **11.** l'infirmier
j. des pinceaux → **6.** le peintre
k. un compas → **4.** l'architecte
l. le code civil → **2.** le juge
m. un tracteur → **9.** l'agriculteur
n. un peigne → **13.** le coiffeur
o. un micro → **3.** le journaliste

page 99

Compréhension écrite

1 Jean de La Fontaine. Il vivait au XVIIᵉ siècle (1621-1695).
2 un paysan
3 une fable
4 Le travail est la chose la plus importante.
« Travaillez, prenez de la peine :
C'est le fonds qui manque le moins. » (vers 1-2)
« Que le travail est un trésor. » (vers 18)
5 a. Faux. « Un riche laboureur, sentant sa mort prochaine » (vers 3)
b. Vrai.
« Gardez-vous, leur dit-il, de vendre l'héritage
Que nous ont laissé nos parents » (vers 5-6)
c. Faux. « ... dès qu'on aura fait l'août » (vers 10)
d. Faux. « D'argent, point de caché. » (vers 16)
6 a. se garder de
b. dès qu'on aura fait l'août
c. venir à bout
d. rapporter davantage

page 101

Production écrite

Production libre

unité 11

page 102
Activité 1
a. application – **b.** batterie – **c.** vidéo – **d.** blog –
e. icône – **f.** forum – **g.** site

Activité 2
a. un lecteur
b. un casque
c. la souris
d. appuyer
e. serveur
f. clé
g. disque
h. appli
i. écran
j. recharger

page 103

Activité 3
a. 1, 8 – **b.** 1, 8 – **c.** 9 – **d.** 1, 5 – **e.** 3 – **f.** 3, 6 –
g. 4 – **h.** 2 – **i.** 7

Activité 4
a. l'aperçu *(m.)* – **b.** l'écoute *(f.)* –
c. la dégustation – **d.** le goût – **e.** la palpation –
f. le parfum – **g.** la perception – **h.** la saveur –
i. le sentiment / la sensation – **j.** la vision / la vue

page 104

Activité 5
a. Malgré   **f.** n'empêche
b. Au lieu de   **g.** alors que
c. pourtant   **h.** quand même
d. J'ai beau   **i.** en revanche
e. Contrairement   **j.** bien que

Activité 6
Propositions de réponse
a. Elle est malade, pourtant elle continue à travailler.
b. Bien que ce commerçant ait l'air honnête, il vend
des contrefaçons.
c. Il dit que cette robe est faite à la main, mais je
crois que c'est de la fabrication industrielle.
d. Il est peu probable qu'il pleuve, même si la météo
l'a annoncé.
e. Il a commis une grosse faute, on l'a quand même
maintenu à son poste.
f. C'est une très grande ville, pourtant je la connais
très bien.
g. Quoiqu'il ait des économies, il ne dépense
presque rien.
h. Il a l'air sympa, cependant il lui arrive de piquer
de grosses colères.

page 105

Activité 7
a. comprennes   **e.** ait
b. aille   **f.** auras pris
c. n'as pas été   **g.** a obtenu
d. passiez   **h.** est partie

Activité 8
puisses – j'aurai décroché – être – obtiennes – vit –
auras ouvert – veuilles – es – n'as pas encore postulé

page 107

a. Tu as vu ? Le caban de ce marin est marron. C'est
marrant.
b. Arrête de proférer des bêtises en vain, ce ne sont
que fariboles et balivernes.
c. Paul est corrompu : il a falsifié les preuves.

d. Tu me prends un flacon de shampoing au gingembre ?
e. Tu nous rejoins le vingt ou le lendemain ?
f. Cet acteur a un côté ambigu que j'abomine.
g. Je nettoie la toile cirée, si tu veux essuie-la.
h. Vous dégustez des huîtres même laiteuses ?

Détente

B	E	C	U	V	I	R	U	S	E	B	O	W	U	T
I	Z	G	O	L	I	C	E	C	P	F	R	E	E	É
M	C	A	R	N	B	P	A	D	E	G	A	B	L	L
P	O	C	Y	A	N	S	I	R	I	E	O	R	C	É
R	E	O	R	L	N	E	S	Q	T	S	E	O	R	C
I	S	U	T	J	E	D	X	U	P	O	S	P	T	H
M	T	R	H	O	F	R	E	I	G	N	E	A	R	A
A	R	R	E	L	D	C	I	S	O	T	R	R	E	R
N	E	I	V	R	E	R	L	D	D	N	P	O	V	G
T	L	E	D	I	E	B	L	O	G	E	L	B	D	E
E	A	L	O	Y	A	U	C	V	H	A	M	A	O	M
E	R	C	L	I	Q	U	E	R	E	E	U	S	O	E
B	O	G	U	M	E	N	T	O	E	O	E	E	U	N
S	A	U	V	E	G	A	R	D	E	R	O	R	C	T
A	S	O	U	R	I	S	A	I	H	M	E	R	H	O

page 108

1 Au choix parmi :
• Sauvegarder ses données régulièrement dans le
nuage.
• Verrouiller son smartphone avec un code en plus du
code PIN de la carte SIM.
• Bien vérifier que la géolocalisation de son
téléphone est activée.
• Installer un logiciel de sécurité.
• Noter le numéro IMEI de son téléphone.
2 Parce que cela embêtera un voleur peu expérimenté.
3 a. C'est la carte d'identité de l'appareil. **b.** On le
trouve dans les réglages, dans les paramètres de
l'appareil ou bien sur la boîte.
4 On peut le faire sonner ou bien le verrouiller ou
même effacer son contenu.
5 Afin de le faire inscrire au registre des smartphones
volés.
6 Le remboursement du smartphone.

page 109

Production écrite

Production libre

unité 12

page 110
Activité 1
a. grandir / s'agrandir – **b.** agrandir – **c.** grossir –
d. mincir – **e.** amincir – **f.** rapetisser – **g.** noircir –
h. blanchir – **i.** salir – **j.** reverdir

Activité 2
a. dégradation
b. diminution – maintien – augmentation
c. ralentissement
d. chute
e. préservation
f. élargissement
g. révolution

page 111
Activité 3
a. vais m'endormir
b. ne comprendrai jamais
c. regretteras
d. aura
e. va pleuvoir
f. aura
g. ne se mariera jamais
h. vivront
i. va avoir
j. sera

Activité 4
a. préviendras – seras arrivé
b. auront recouvert
c. seront déjà partis
d. aura réalisé – sera
e. aurons enfin fini
f. passerai
g. aura reçu
h. auront disparu
i. aurons terminé – sera
j. décollera – auront pris

page 112
Activité 5
a. de peur d'
b. de façon à
c. que / afin que
d. en vue de
e. afin que
f. projet
g. à cette fin
h. de crainte qu'

page 113
Dictée phonétique

a. On met du tissu sur les murs du boudoir, de la toile de jute.
b. La publicité subliminale est prohibée car subversive.
c. Des plaques de mousse tachent le dallage de la cour.
d. Le fisc me réclame quatre-vingt-seize centimes. C'est mesquin.
e. La peinture de la poterne est un peu terne, non ?
f. La confiture de mûres dégouline de la tartine beurrée.
g. Tu es bien nerveux, serais-tu peureux ?
h. Ces zélotes manquent de ferveur.

Détente

XVIIᵉ siècle	XVIIIᵉ siècle
la Cocotte-Minute	le bateau à vapeur
le journal imprimé	la conserve alimentaire
le champagne	l'automobile
la machine à calculer	l'eau de Javel

XIXᵉ siècle	XXᵉ siècle
la photographie	l'énergie nucléaire
l'avion	la carte à puce
le réveille-matin	le bikini
le vaccin contre la rage	le TGV

page 115
Compréhension écrite

1 Le Nautilus, un sous-marin.
2 Une baleine (un cétacé).
3 luxe → une salle richement ornée / une large porte/un vaste salon / un riche divan
lumière → un faisceau de lumière / éclairée électriquement / un plafond lumineux / un torrent de lumière.
4 C'est le capitaine Nemo, un criminel (« hors-la-loi »), qui les reçoit.
5 a. fusiforme – **b.** singulier – **c.** un canot – **d.** une coursive – **e.** s'élancer – **f.** un divan

page 116
Production écrite

Production libre

Références iconographiques :

Couverture : Peter M. Fisher/Corbis ; **p. 10** Nous remercions Cristina. **p. 43 (1)** Richard Soberka/hemis.fr ; **p. 43 (2)** Franck Guiziou/hemis.fr ; **p. 43 (3)** Francis Cormon/hemis.fr ; **p. 43 (4)** Emmanuel Berthier/hemis.fr ; **p. 43 (5)** © Eiffage CEVM / Foster+Partners / Pierre Jacques/hemis.fr ; **p. 43 (6)** Pierre Jacques/hemis.fr ; **p. 52** Albert Harlingue/Roger-Viollet ; **p. 70 (5)** Mattei-Fotolia.com ; **p. 70 (1, 4)** Franck Guiziou/hemis.fr ; **p. 70 (2, 6)** Jean-Marc Barere/hemis.fr ; **p. 70 (3)** Francis Leroy/hemis.fr ; **p. 77** Michael Nivelet-Fotolia.com ; **p. 82** Tommy Arnesen/Stella Pictures/abacapress.com ; **p. 94 (hd)** Jean-Pierre Muller/AFP ; **p. 94 (hg)** Picard Editeur ; **p. 98 (b)** Food-micro-Fotolia.com ; **p. 98 (h)** Nitr-Fotolia.com ; **p. 98 (m)** cloud7days-Fotolia.com ; **p. 99** AKG Images ; **p. 108** Gerhard Seybert-Fotolia.com ; **p. 113 (bc)** Carole Mineo-Fotolia.com ; **p. 113 (bd)** Deagostini/Leemage ; **p. 113 (mc)** Costa/Leemage ; **p. 113 (md)** meailleluc.com-Fotolia.com ; **p. 114** "Twenty Thousand Leagues Under the Sea", English School, (20th century) / Private Collection / © Look and Learn / Bridgeman Images

Références des textes : p. 18 *L'Étranger* d'Albert Camus © Gallimard, Paris, 1942 ; **p. 33** « Le Paris poétique de Robert Doisneau », publié dans *A paris*, automne 2014 ; **p. 82** *Marianne*, 18–24 avril 2014

Références audio : p. 22 (p.14) RFI « Un Français en Chine », programme 'Vivre ailleurs' avec Raphaël Schoentgen/GDF Suez ; **p. 108** (p. 48) « Smartphone perdu ou volé : que faire ? » par Jérôme Colombain, 28/10/2014/ France Info

Nous avons recherché en vain les auteurs ou les ayants droit de certains documents reproduits dans ce livre. Leurs droits sont réservés aux Éditions Didier.

Édition : Noé Pérez Núñez
Couverture : Ellen Gögler
Maquette intérieure : Isabelle Aubourg
Déclinaison de la maquette et mise en page : Nadine Aymard
Photogravure : IGS
Enregistrements, montage et mixage : Olivier Ledoux [Studio EURODVD]

PAPIER À BASE DE FIBRES CERTIFIÉES

éditions didier s'engagent pour l'environnement en réduisant l'empreinte carbone de leurs livres. Celle de cet exemplaire est de :
400 g éq. CO$_2$
Rendez-vous sur
www.editionsdidier-durable.fr

© Les Éditions Didier, Paris 2015
ISBN : 978-2-278-08112-7
Dépôt légal : 8112/09

Achevé d'imprimer en Italie
par Grafica Veneta (Trebaseleghe) en mai 2019